O GRANDE MESTRE DO
ESTOICISMO ROMANO

SÊNECA

O GRANDE MESTRE DO
ESTOICISMO ROMANO

ENCONTRE MAIS
LIVROS COMO ESTE

Copyright desta obra © IBC - Instituto Brasileiro De Cultura, 2024

Reservados todos os direitos desta produção, pela lei 9.610 de 19.2.1998.

1ª Impressão 2024

Presidente: Paulo Roberto Houch
MTB 0083982/SP

Coordenação Editorial: Priscilla Sipans
Coordenação de Arte: Rubens Martim (capa)
Produção Editorial: Murilo Oliveira de Castro Coelho (Org.)
Tradução: Murilo Oliveira de Castro Coelho
Revisão: MC Coelho – Produção Editorial

Vendas: Tel.: (11) 3393-7727 (comercial2@editoraonline.com.br)

Foi feito o depósito legal.
Impresso na China

Dados Internacionais de Catalogação na Publicação (CIP)
de acordo com ISBD

C181s   Camelot Editora

         Sêneca - O Grande Mestre do Estoicismo Romano /
         Camelot Editora. – Barueri : Camelot Editora, 2024.
         192 p. ; 15,1cm x 23cm.

         ISBN: 978-65-6095-083-2

         1. Filosofia. 2. Sêneca. I. Título.

2024-408   CDD 100
                                             CDU 1

Elaborado por Odilio Hilario Moreira Junior - CRB-8/9949

IBC — Instituto Brasileiro de Cultura LTDA
CNPJ 04.207.648/0001-94
Avenida Juruá, 762 — Alphaville Industrial
CEP. 06455-010 — Barueri/SP
www.editoraonline.com.br

SUMÁRIO

LUCIUS ANNAEUS SENECA 7
O ESTOICISMO ROMANO 13
A SEITA ESTOICA EM ROMA 15
A VIDA DE SÊNECA 26
EPITETO E MARCO AURÉLIO 31
OS BUSCADORES DE DEUS 40
A FAMÍLIA E OS PRIMEIROS ANOS DE SÊNECA 40
A EDUCAÇÃO DE SÊNECA 50
O REINADO DE CLÁUDIO E O BANIMENTO DE SÊNECA ... 59
SÊNECA NO EXÍLIO 67
A INFLUÊNCIA DA FILOSOFIA DE SÊNECA 75
A VOLTA DE SÊNECA DO EXÍLIO 80
A MORTE DE SÊNECA 83
DIÁLOGOS MENORES DE SÊNECA 89
PREFÁCIO 89
O PRIMEIRO DIÁLOGO DE SÊNECA,
DIRIGIDO A LUCILIUS 90
O SEGUNDO DIÁLOGO DE SÊNECA,
DIRIGIDO A SERENUS 107
O SEXTO DOS DIÁLOGOS DE SÊNECA,
DIRIGIDO A MÁRCIA 128
DA CONSOLAÇÃO 128
O SÉTIMO DIÁLOGO DE SÊNECA, DIRIGIDO A GÁLIO ... 162
DE UMA VIDA FELIZ 162

LUCIUS ANNAEUS SENECA[1]

Esse indivíduo, cujas "morais" nos são tão familiares, nasceu em Córdoba, na Espanha, seis anos antes de Cristo. Seu pai era um retórico de certa fama, e uma parte de suas obras chegou até nossos dias. Quando Lúcio ainda era criança, ele se mudou de Corduba[2] para Roma, onde passou a residir. O filho, que possuía talentos muito promissores, recebeu o maior cuidado e atenção em relação à sua educação. Seu pai lhe ensinou a eloquência e teve aulas de Filosofia com os mestres mais famosos. De acordo com o costume daqueles que buscavam se destacar em sabedoria e conhecimento, ele viajou para a Grécia e o Egito depois de concluir seus estudos, e sua obra intitulada *Quaestiones Naturales* mostrou que ele fez bom uso de suas oportunidades durante essa excursão, que também prova que ele dominava as Ciências de seu tempo.

O jovem Sêneca ficou fascinado com as especulações filosóficas dos estoicos[3], seita da qual se tornou devoto. Ele até adotou os modos de vida austeros que eles inculcavam e se recusou a comer carne de animais. No entanto, quando o imperador Tibério[4] ameaçou punir alguns judeus e egípcios por se abstivessem de certas carnes, por sugestão de seu pai, ele se afastou dessa singularidade. Em conformidade com o conselho de seu

---

1 Título original: *Famous men of ancient times* (Boston: Brown & Taggard, 1860, p. 74-82), escrito por Samuel Griswold Goodrich (1793-1860), com resumos da vida de alguns dos indivíduos mais importantes do período que chamamos de Antiguidade.
2 Corduba é conhecida como a capital da província de Baetica, na Hispânia romana, uma das fases de esplendor da atual cidade de Córdoba.
3 Nota de Samuel Griswold Goodrich – Os estoicos eram os seguidores de Zenão, um filósofo grego de Citium. Eles professavam preferir a virtude a tudo o mais e consideravam o vício o maior dos males. Exigiam um controle absoluto sobre as paixões e sustentavam a capacidade do ser humano de atingir a perfeição e a felicidade nesta vida. Incentivavam o suicídio e sustentavam que a doutrina de recompensas e punições era desnecessária para impor a virtude à humanidade.
4 Nota de Samuel Griswold Goodrich – Tibério sucedeu a Augusto César como imperador. Em sua sucessão ele prometeu um reinado feliz, mas logo se desgraçou com a devassidão, a crueldade e os excessos mais flagrantes. Sêneca disse de forma espirituosa que ele nunca se embriagou, a não ser uma vez, pois quando ficava bêbado toda a sua vida era um estado contínuo de embriaguez. Ele morreu em 37 d.C., após um reinado de vinte e dois anos, e foi sucedido por Calígula.

pai, que lhe insistiu na necessidade de se dedicar a algum tipo de negócio, ele adotou a profissão de advogado.

Como palestrante, Sêneca se mostrou muito eficiente e, consequentemente, despertou a inveja de Calígula, que aspirava à reputação de orador. Apreensivo com as consequências, ele mudou de opinião e tornou-se candidato às honras e cargos do Estado. Foi nomeado pretor no governo de Cláudio, mas foi acusado de uma intriga vergonhosa com uma dama da alta sociedade, motivo pelo qual foi banido para a Córsega. Embora sua culpa não tenha sido satisfatoriamente provada, ele permaneceu no exílio por cinco anos, período durante o qual escreveu um tratado sobre a consolação no qual ele parece extrair contentamento e paz de visões filosóficas, e pode-se imaginar que ele foi elevado por essas visões acima dos males de sua condição. Infelizmente, para sua reputação em relação à consistência e sinceridade, a história nos diz que, nesse período, ele estava pedindo restituição ao imperador nos termos mais abjetos.

Cláudio[5] finalmente se casou com Agripina, e Sêneca, sendo chamado de volta, foi nomeado tutor de Nero, filho de Agripina, que estava destinado a se tornar imperador. Pelos traços favoráveis de caráter exibidos pelo aluno do filósofo no início de sua carreira, poderia parecer que as instruções de Sêneca haviam exercido uma boa influência sobre ele. Um exame imparcial acerca dos eventos do citado período leva à conclusão de que ele era um defensor dos piores vícios de Nero. É certo que ele adquiriu uma imensa riqueza em um curto período de tempo, e parece que isso foi obtido por meio da munificência de seu patrono real, que era avarento e mercenário, e era provável que se desfizesse de seu dinheiro apenas por coisas que atendessem a suas paixões.

As posses de Sêneca eram enormes. Ele tinha vários jardins e vilas no campo e um magnífico palácio em Roma. Esse palácio era suntuosamente mobiliado e continha quinhentas mesas de cedro, com pés de marfim, e todas de acabamento requintado. Seu dinheiro disponível chegava a cerca de doze milhões de dólares. Parece certo que tais riquezas não poderiam ter sido adquiridas por meio dos preceitos de Sêneca, e

---

5 Nota de Samuel Griswold Goodrich – Cláudio sucedeu Calígula em 41 e, após um reinado de treze anos, foi envenenado por sua esposa Agripina.

a inferência de muitos de seus contemporâneos, bem como da posteridade, tem sido a de que a virtude que aparece de forma tão adorável em suas páginas era apenas o véu decoroso da avareza, do vício e do crime.

Por um período após sua ascensão ao trono, a conduta de Nero foi digna de elogios, mas ele logo abandonou toda a consideração até pela decência e se lançou naquela carreira que fez de seu nome uma palavra de ordem e reprovação para todos os tempos. Sêneca, ao ser acusado de ter acumulado imensa riqueza por meios impróprios, ficou muito alarmado, pois conhecia o tirano tão bem a ponto de prever que, sob essa acusação, era muito provável que ele o sacrificasse para obter sua propriedade. Fingindo, portanto, ser indiferente às riquezas, ele implorou ao imperador que aceitasse toda a sua fortuna e permitisse que ele passasse o restante de seus dias nas tranquilas atividades da filosofia. O imperador, com profunda dissimulação, recusou essa oferta – sem dúvida pretendendo, de alguma outra forma, causar a ruína de Sêneca.

Ciente de seu perigo, o filósofo manteve-se em casa por um longo período, como se estivesse sofrendo de uma doença. Algum tempo depois, uma conspiração para o assassinato de Nero, liderada por Pisão, foi detectada. Vários dos mais nobres senadores romanos estavam envolvidos, e o nome de Sêneca foi mencionado como cúmplice. Nero, sem dúvida contente com a oportunidade de sacrificá-lo, enviou uma ordem para que ele fosse morto.

Tem-se questionado se Sêneca estava realmente envolvido na conspiração de Pisão. A prova apresentada contra ele não foi de fato conclusiva, mas é óbvio que sua posição poderia levá-lo a desejar a morte do tirano, como o único meio de segurança para si mesmo, e o caráter de Sêneca, infelizmente, não é de molde a proteger sua memória contra fortes suspeitas de participação no suposto plano de traição.

Sêneca estava à mesa, com sua esposa, Paulina, e dois de seus amigos, quando o mensageiro de Nero chegou. Ele ouviu as palavras que ordenavam que ele tirasse a própria vida, com firmeza filosófica e mesmo com aparente alegria. Ele observou que tal ordem poderia ser esperada há muito tempo de um homem que havia assassinado a própria mãe e seus melhores amigos. Ele desejava se desfazer de seus bens como quisesse, mas seu pedido foi recusado. Quando soube disso, voltou-se para os que estavam ao redor, que choravam por seu destino, e disse-lhes que, como não podia deixar-lhes o que acreditava ser seu, deixaria pelo menos sua vida como exemplo – uma conduta inocente, que eles poderiam imitar e pela qual poderiam adquirir fama imortal.

Contra suas lágrimas e lamentos, ele exclamou com firmeza e perguntou-lhes se não haviam aprendido a resistir melhor aos ataques da fortuna e à violência da tirania. Quanto à sua esposa, ele tentou acalmar suas emoções e, quando ela parecia decidida a morrer com ele, ele disse que estava feliz por ter seu exemplo seguido com tanta constância. Suas veias se abriram no mesmo momento, mas Nero, que gostava de Paulina, ordenou que o sangue fosse estancado, e assim a vida dela foi preservada.

As veias de Sêneca sangravam lentamente, e a conversa de seus momentos de morte foi coletada por seus amigos e preservada entre suas obras. De modo a apressar sua morte ele bebeu uma dose de veneno, mas não surtiu efeito e, por isso, ordenou que fosse levado a um banho quente para acelerar a operação da corrente de ar e fazer o sangue fluir mais livremente. Isso não foi bem-sucedido e, como os soldados estavam clamorosos, ele foi levado para um fogão e sufocado pelo vapor. Assim ele morreu, no 66º ano da era cristã.

A morte de Sêneca foi muito louvada e, às vezes, considerada sublime, mas isso ocorre em razão da ignorância da época e da falta de atenção às próprias doutrinas de Sêneca. Para os estoicos, a morte não era nada, "ela não é um mal, mas a ausência de todo mal", conforme o credo deles. Com esses princípios não poderia haver medo da morte e, consequentemente, descobrimos que a coragem de morrer – se é que é considerado coragem enfrentar aquilo que não é um mal – era comum na época de Sêneca. "Naquele período de apatia e luxo", diz M. Nisard[6], "de violência generalizada, de desejos que o mundo dificilmente poderia satisfazer – de banhos perfumados, de intrigas fáceis e desordenadas, havia diariamente homens de todas as classes, de todas as fortunas, de

---

6 Jean Marie Napoléon Désiré Nisard (1806-1888) foi um autor e crítico literário francês.

todas as idades, que se libertavam de seus males pela morte. Como era possível para eles evitar o suicídio, sem nenhum outro consolo além da filosofia de Sêneca e suas teorias sobre as delícias da pobreza?".

Marcelino[7] é atacado por uma doença dolorosa, mas curável. Ele é jovem, rico, tem escravos, amigos, tudo para tornar a vida agradável, mas isso tudo não importa, pois ele concebe a fantasia do prazer de morrer. Ele reúne seus amigos e os consulta como se fosse se casar. Discute com eles seu projeto de suicídio e o coloca em votação. Alguns o aconselham a fazer o que quiser, mas um estoico, amigo de Sêneca, então presente, o exorta corajosamente a morrer. Sua principal razão é que ele está entediado. Ninguém contradiz o estoico. Marcelino agradece a seus amigos e distribui dinheiro a seus escravos. Ele se abstém por três dias de qualquer alimento e, em seguida, é levado para um banho quente, onde morre rapidamente, tendo murmurado algumas palavras sobre o prazer que sentia ao morrer.

Esse prazer era tão pouco afetado, tão na moda, que alguns dos austeros estoicos se consideravam obrigados a impor certas restrições a ele. Eles cometiam suicídio por tédio, por ociosidade, por falta de paciência para curar-se de seus males, por distração, da mesma forma que se matavam em duelos, sob o comando do cardeal Richelieu.

Vista sob esse prisma, a morte de Sêneca não teve nada de sublime. Ele cedeu apenas a uma moda, apenas praticou o que era comum. Se ele acreditava sinceramente em seu credo professado – que a morte é a ausência de todo mal – ele não demonstrou coragem nem dignidade. Se ele não acreditava, então sua conduta demonstrou apenas a atuação hábil de um papel, e sob circunstâncias que o marcam com a mais profunda hipocrisia.

É impossível negar que as obras de Sêneca são cheias de sabedoria, embora estejam muito aquém da filosofia cristã. Em seu tratado sobre benefícios, por exemplo, temos a seguinte passagem

"A boa vontade do benfeitor é a fonte de todos os benefícios; não, é o próprio benefício, ou, pelo menos, o selo que o torna valioso e atual. Sei que há pessoas que tomam o assunto pelo benefício e cobram a obri-

---

7 Personagem de um dos escritos de Sêneca, intitulado "Carta XXIX - Sobre o estado crítico de Marcelino (título original: *Letter XXIX - On the critical condition of Marcellinus*).

gação por peso e medida. Quando alguma coisa lhes é dada, eles logo a descartam: 'Quanto vale tal casa? tal cargo? Tal propriedade?', como se esse fosse o benefício, que é apenas o sinal e a marca dele, pois a obrigação repousa na mente, não na matéria; e todas as vantagens que vemos, manuseamos ou mantemos em posse real, pela cortesia de outra pessoa, são apenas vários modos ou maneiras de explicar e colocar a boa vontade em execução. Não há necessidade de sutileza para provar que tanto os benefícios quanto as injúrias recebem seu valor da intenção, quando até os brutos são capazes de decidir essa questão. Pisar em um cão por acaso, ou causar-lhe dor ao fazer um curativo em um ferimento, ele deixa passar uma coisa como um acidente, e a outra, à sua maneira, ele reconhece como uma gentileza. Mas se você se oferece para bater nele – embora não lhe faça nenhum mal – ele foge na sua cara pela maldade que você sequer pretendia fazer a ele".

Tudo isso é justo e verdadeiro, e faz do coração a sede da ação moral. Até aqui coincide com a filosofia cristã. Mas se não há nada após a morte, que sanção tem a virtude? Ela pode ser mais bela do que o vício e, consequentemente, preferível, assim como um perfume doce é mais desejável do que um odor desagradável. Portanto, é de bom gosto ser virtuoso. Ainda assim, cada indivíduo pode escolher por si mesmo, e sem responsabilidade futura, pois todos devem compartilhar o esquecimento do túmulo. A insuficiência dessa filosofia para garantir a virtude é atestada pela vida de Sêneca, bem como pela da maioria de sua seita. Ela resultou na mais grosseira hipocrisia, uma ostentação de virtude, encobrindo a prática do vício.

Por um breve período, Roma desfrutou de prosperidade e paz, mas o jovem imperador logo se tornou orgulhoso, cruel e corrupto. Ele ordenou que um templo fosse erguido para si mesmo e mandou colocar a própria imagem no lugar de Júpiter e das outras divindades. Muitas vezes, ele se divertia matando pessoas inocentes, tentou matar Roma de fome e até desejou que os romanos tivessem uma só cabeça, para que ele pudesse arrancá-la de um só golpe! Por fim, cansados de suas crueldades, várias pessoas formaram uma conspiração e o assassinaram, no ano 41 d.C. A história não fornece outro exemplo de um monstro tão perverso quanto Calígula.

O ESTOICISMO ROMANO[8]

Este livro é o resultado de um curso de palestras ministradas por mim, em anos sucessivos, para estudantes de graduação em latim, de acordo com os regulamentos da Universidade do País de Gales. Portanto, destina-se principalmente à assistência de estudantes clássicos, mas talvez, em sua forma atual, possa atrair um círculo um pouco mais amplo.

Na época que o livro foi iniciado a melhor exposição sistemática da filosofia estoica disponível para os leitores ingleses encontrava-se em *Stoics Epicureans and Sceptics*, do prof. E. Zeller, traduzido por O. J. Reichel (Longmans, 1892). Essa obra, admirável em seus detalhes, é, no entanto, um tanto inadequada para o assunto, que pareceu ao seu erudito autor como uma mera sequência dos sistemas filosóficos muito mais importantes de Platão e Aristóteles. Desde sua primeira aparição, muitos escritores qualificados têm se inclinado a atribuir uma posição mais elevada ao estoicismo, entre os quais L. Stein, A. Schmekel e Hans von Arnim, nos países de língua alemã, e A. C. Pearson, G. H. Rendall e R. D. Hicks, em nosso país, talvez sejam os mais notáveis.

A visão adotada neste livro corresponde, em geral, à adotada pelos autores mencionados. Em poucas palavras, ela considera o estoicismo a ponte entre o pensamento filosófico antigo e o moderno, posição que parece ser aceita por W. L. Davidson, que escreve em nome dos estudantes de filosofia moderna. Os srs. Hicks e Davidson publicaram recentemente obras que tratam da filosofia estoica como um todo, mas como nenhuma delas cobre totalmente o terreno delimitado para este livro, acredito que haverá espaço para uma apresentação mais aprofundada do assunto.

Minhas obrigações com os autores citados e com muitos outros são grandes, e sua extensão é geralmente indicada no Índice. Tenho uma dívida mais íntima com o sr. A. C. Pearson e com o prof. Alfred Calde-

---

8 Título original: *Roman estoicism* (Cambridge: Cambridge University Press, 1911), escrito pelo estudioso clássico britânico Edward Vernon Arnold (1857-1926), obra que apresenta palestras sobre o estoicismo, especialmente sobre o período que foi desenvolvido no Império Romano.

cott, que me ofereceram seus conhecimentos e conselhos sem qualquer hesitação durante todo o período de preparação deste livro.

O aparecimento do *Stoicorum veterum fragmenta*, de H. von Arnim, disponibilizou para mim uma grande quantidade de material de fontes gregas e (espero) tornou este livro menos imperfeito em relação ao grego do que teria sido de outra forma. Para as citações nas notas dos autores gregos e latinos menos conhecidos, geralmente dei referências às coleções de von Arnim, que sem dúvida serão mais acessíveis à maioria dos meus leitores do que os autores originais. Essas referências incluem aquelas aos fragmentos de Zenão e de Cleantes, para os quais von Arnim é em grande parte devedor do trabalho anterior de Pearson.

Um tratamento tão geral do assunto como o apresentado aqui deve necessariamente deixar espaço para correções e ampliações em seus vários ramos, e acredito que estou indicando aos estudantes mais jovens um campo no qual uma rica colheita ainda pode ser obtida.

O capítulo final não atrai tanto os estudantes clássicos, como tal, apenas aqueles que estão interessados no problema das origens cristãs. Não me aventurei a abordar os problemas adicionais da influência do estoicismo na literatura e na filosofia modernas, embora inicialmente incluídos em meu programa. Mas espero que, pelo menos, eu tenha sido capaz de mostrar que o interesse dos estudos clássicos, mesmo no que diz respeito à filosofia helenística, não está totalmente no passado.

Meus sinceros agradecimentos são devidos ao Conselho da University College of North Wales por me conceder assistência especial em meus deveres na faculdade durante o período da primavera de 1910, para que eu pudesse dedicar mais tempo a este livro, bem como aos editores da Cambridge University Press por empreender sua publicação, e ao Sr. Clay e sua equipe especializada pela admirável execução da impressão.

E. VERNON ARNOLD

25 de janeiro de 1911

A SEITA ESTOICA EM ROMA[9]

No século III a.C., o estoicismo conquistou adeptos lentamente e um a um, à medida que os indivíduos eram convencidos pelo raciocínio e pelo exemplo. No século II, seu progresso se tornou mais rápido, pois foi reforçado por herança e influência social. Os pais transmitiam sua doutrina aos filhos e os professores aos alunos. Grupos de homens unidos por um respeito comum à escola e a seus fundadores começaram a se associar, não apenas em Atenas, mas também em centros como Pérgamo, Babilônia, Selêucia, Tarso, Sidon e até Alexandria. Assim, com a escola cresceu a "seita", isto é, uma sociedade de homens de diferentes nações e classes, mas que compartilhavam as mesmas convicções, unidos por um vínculo de fraternidade e sentindo o caminho em direção à consolação e ao apoio mútuos, uma companhia que passava pela vida no mesmo caminho e estava preparada para se submeter a uma autoridade comum. A propagação da seita foi rápida, embora silenciosa, e como não podemos esperar traçar sua história de um lugar para outro, não podemos dizer quando foi que ela encontrou adeptos em Roma. No início do segundo século a.c., Roma entrou em estreitas relações políticas com dois dos Estados mais civilizados da Ásia Menor, Pérgamo e Rodes. Por intermédio dos homens de conhecimento que estavam associados a essas comunidades o estoicismo foi introduzido à classe dominante no centro do novo Império, ganhando ali uma conquista fácil que provou ser uma compensação significativa para a subordinação política dos Estados dos quais seus emissários tinham surgido.

O estoico Crates, o chefe da biblioteca estabelecida em Pérgamo, visitou Roma em 159 a.C. e lá deu palestras sobre literatura, nas quais talvez tenha tido a oportunidade de expor pelo menos as principais doutrinas da escola estoica. Apenas alguns anos depois, em 155 a.C., a célebre embaixada de Atenas, que incluía os líderes de três das principais

---

[9] Capítulo V da obra de Edward Vernon Arnold, intitulada *Roman estoicism* (Cambridge: Cambridge University Press, 1911, p. 99-127). As notas de rodapé são do mesmo autor.

escolas filosóficas da época, chegou a Roma. Diógenes de Selêucia representava os estoicos, Critolau os peripatéticos[10] e Carnéades a escola acadêmica[11]. Todos os três expuseram suas respectivas teorias diante de enormes audiências. Dizem que Diógenes causou uma boa impressão por seu estilo sóbrio e moderado. Assim, o caminho foi preparado para a influência mais permanente de Panécio de Rodes (circ. 189-109 a.C.). Ele era um cavalheiro de posição no rico e bem governado Estado insular e, desde a juventude, continuou seus estudos em Pérgamo, de modo que provavelmente foi atraído para a escola por Crates. De Pérgamo, ele foi para Atenas, onde encontrou os três professores já citados, e se ligou a Diógenes e, após sua morte, a seu sucessor Antípatro. Seus escritos mostram que ele também foi muito influenciado pelos ensinamentos de Carnéades. Porém, mais do que qualquer um de seus predecessores, ele apreciava a filosofia em sua forma literária. Platão, o "Homero dos filósofos", era venerado por ele, que citava constantemente Aristóteles, Xenócrates, Teofrasto e Dicearco. Sua admiração por esses filósofos influenciou muito seu estilo e o levou a rejeitar a forma rígida e paradoxal usada por seus predecessores, bem como levou à renúncia de algumas doutrinas estoicas características em favor dos ensinamentos de Platão e Aristóteles. Seus estudos se estenderam a todos os ramos da Filosofia, incluindo Astronomia e Política. Esse último interesse o levou a se associar ao historiador Políbio, com quem mantinha frequentes discussões sobre a melhor forma de governo. Os dois gregos eruditos e experientes concordavam em sua admiração pela constituição de Roma. Panécio visitou Roma e lá se tornou amigo íntimo de Cipião Africano menor, amizade que deve ter começado antes do ano 140 a.C., quando Panécio acompanhou Cipião em uma missão para resolver os assuntos do Oriente, que durou até a morte de Cipião, em 129 a.C. Em torno de Cipião e de seus amigos gregos Políbio e Panécio, reuniu-se uma sociedade dos homens mais nobres e inteligentes de Roma, círculo em que a língua latina, bem como a filosofia grega, encontrou um novo nascimento. Na época da morte de Cipião, Panécio se tornou o diretor da escola estoica

---

10 A escola peripatética foi um círculo filosófico da Grécia Antiga que basicamente seguia os ensinamentos de Aristóteles, o mais influente filósofo da Antiguidade.
11 A escola que Platão fundou nos jardins de Academo, perto de Atenas.

de Atenas, cargo que ocupou até sua morte, vinte anos depois. Entre seus amigos e alunos havia homens que assumiram um papel de liderança no governo de suas cidades natais.

Panécio pode muito bem ser considerado o fundador do estoicismo romano, e é de especial interesse para nós como o escritor do tratado que Cícero traduziu livremente em seu *De Officiis*. Ele nos apresenta o estoicismo como a escola capaz de treinar o erudito, o cavalheiro e o estadista, ao passo que se esquiva das doutrinas mais ousadas, emprestadas da escola cínica, que entram em conflito com o que é convencional ou, como dizem seus oponentes, com o que está se tornando. A doutrina central de que a virtude é conhecimento e é o único e suficiente bem, ele aceita como o ensinamento claro da natureza, e com ela o paradoxo de que o homem sábio nunca erra. No entanto, mesmo essas máximas são um tanto atenuadas conforme ele as expressa, e as vantagens externas lhe parecem dignas de serem buscadas não apenas por darem um significado à virtude e fornecerem um campo para seu exercício, mas também por si mesmas, desde que não entrem em conflito com a virtude. Ele talvez tenha hesitado em afirmar positivamente que "a dor não é um mal". Em seus tratados a figura do homem sábio é retirada para segundo plano, uma vez que ele está praticamente preocupado apenas com o "probacionista" [do latim *probare*, que significa provar] fazendo algum avanço na direção da sabedoria. Esse avanço não é feito por atos de virtude perfeita, mas pelo desempenho regular de "serviços", os deveres simples e diários que surgem no caminho do bom cidadão. Além disso, a investigação científica não deve se tornar o principal objetivo da vida, como talvez tenha parecido a Aristóteles, mas sim permitida apenas como uma recreação nos intervalos bem merecidos entre os chamados da vida ativa.

Não parece que Panécio tenha dedicado muita atenção à lógica. Por outro lado, ele estava muito ocupado com a parte da filosofia que trata da história do Universo e de seu governo pela providência divina. A teoria heraclitiana ele parece ter deixado de lado, pois rejeitou a teoria da conflagração, como Boécio havia feito antes dele, aceitando a objeção de Carnéades de que "se tudo se transformasse em fogo, o fogo se apagaria por falta de combustível". Ele, portanto, juntou-se aos peripatéticos ao sustentar que o Universo é imortal. Mas, como novamente Carnéades demonstrou que "nenhum ser vivo é imortal", segue-se que o mundo não é um animal, tampouco a divindade é sua alma. Sobre todos esses assuntos Panécio deixou de manter as doutrinas estoicas e, sozinho entre os professores estoicos, ele suspendeu seu julgamento quanto à realidade da adivinhação.

Concessões semelhantes a seus oponentes marcam seu tratamento detalhado da ética. Assim, ele toma de Aristóteles a visão de que "a virtude é um meio entre dois vícios", doutrina tão estranha ao verdadeiro princípio estoico que forma a base do tratamento que encontramos adotado no *De Officiis*. A teoria das quatro virtudes cardeais, isto é, sabedoria, justiça, coragem e sobriedade, provavelmente era de propriedade comum nessa época. Ao passo que no cinismo a coragem e no estoicismo anterior a sabedoria são as virtudes dominantes, na teoria de Panécio a sobriedade, identificada com o decoro, excede em muito as demais em importância prática. Assim, o triunfo conquistado por Panécio para o nome do estoicismo foi comprado com o sacrifício não apenas de seu conhecimento sobre a Física, mas também, em grande parte, de sua ética. O sucesso do novo sistema não poderia ser injustamente descrito como uma vitória da literatura sobre a lógica, da razoabilidade sobre a razão e do compromisso sobre a consistência. Seja como for, Panécio, sem dúvida, conseguiu apresentar a filosofia grega a seus amigos romanos em uma forma em que ela se recomendava tanto para seus poderes de raciocínio quanto para seu senso moral.

O sucessor virtual, embora não nominal, de Panécio foi Posidônio de Rodes (circ. 135-51 a.C.), que, após estudar com Panécio em Atenas, viajou muito, estabelecendo-se finalmente em Rodes, onde participou ativamente da vida política. Como seu mestre, ele foi um estudante dedicado de Platão e escreveu um comentário sobre o *Timeu*. Nesse comentário ele desenvolve uma nova teoria do Universo, que ele afirma ser aquela que Platão aprendeu com os pitagóricos e que, em sua essência, é a mesma ensinada pelos estoicos. O ponto de partida é a unidade, segundo a qual os números e os elementos evoluem por um princípio de fluxo, como no sistema de Heráclito. A unidade e o primeiro dos números, os dois, diferem como força e matéria, de modo que o dualismo de Aristóteles é aqui definitivamente subordinado a um monismo supremo. Esse estudo de Posidônio é, portanto, incidentalmente de grande importância como uma luz lateral sobre a metafísica e a cosmologia estoicas. Além disso, ele escreveu sobre quase todas as principais divisões da filosofia, adquirindo, assim, uma reputação brilhante, especialmente aos olhos dos nobres filósofos de Roma.

Cícero o conheceu em Rodes, em 78 a.c., e se refere a ele com mais frequência em suas obras do que a qualquer outro de seus instrutores. Pompeu, em meio a suas campanhas no Leste, teve muito trabalho para visitá-lo. Entre seus visitantes e admiradores romanos também estavam Velleius, Cotta e Lucilius. Um século depois, Sêneca o considerou um dos que mais contribuíram para a filosofia.

Em comparação ao mais científico Panécio, Posidônio marcou uma reação em favor do lado religioso do estoicismo. Assim, Cícero baseia em sua obra a própria declaração da teologia estoica no segundo livro de seu *De natura deorum (Sobre a natureza dos deuses)*. Posidônio restaurou a teoria da adivinhação, sobre a qual Panécio tinha as mais sérias dúvidas. Ele afirma com veemência a origem divina da alma e aceita a visão persa de que, nesta vida, ela está aprisionada no corpo. Ele afirmou a conflagração futura e considerou que essa teoria não era inconsistente com a crença na preexistência e na imortalidade da alma individual.

Tanto na física quanto na lógica, Posidônio defende a doutrina do *logos*, e parece que ela passou diretamente dele para Filo de Alexandria, e assim para a especulação judaico-cristã. Na ética ele manteve a suficiência da virtude e a redefiniu no espírito de Cleantes, e não de Crísipo. Na aplicação prática de tais doutrinas a casos de consciência ele não gostava dos pontos de vista frouxos de Diógenes, motivo pelo qual ficou do lado de Antípatro e de Panécio. Finalmente, ele sustentava que a república ideal já havia sido alcançada na era de ouro, quando os sábios governaram para a proteção e felicidade de seus súditos.

Hecato de Rodes também foi aluno de Panécio, e escreveu livros sobre ética e casuística que foram amplamente utilizados por Cícero e Sêneca, ambos os quais frequentemente se referem a ele pelo nome. Ao estabelecer os fundamentos de sua ética, ele distingue entre as "virtudes teóricas", tais como sabedoria, justiça, coragem e sobriedade, que exigem o consentimento do indivíduo e são possuídas apenas pelos sábios, bem como as correspondentes "virtudes não teóricas", que são disposições do corpo encontradas também entre os insensatos, tais como a saúde, que corresponde à temperança, e assim por diante. Por meio dessa extensão da concepção da virtude a doutrina de sua suficiência é de fácil aceitação. Na aplicação prática de sua teoria ele deu grande ênfase à doutrina das "relações", ou seja, aos deveres para com os pais, a esposa, o filho, o escravo, o país e assim por diante. Para estar em posição de cumprir esses deveres uma pessoa tem o direito de cuidar da própria vida e de sua propriedade. Ele não precisa ser muito cuidadoso para cuidar de seus escravos se as provisões forem caras nem deve desistir apressadamente por outro de sua chance de escapar de um naufrágio. Hecato, portanto, parece estar do lado de Diógenes em questões de casuística, adotando uma visão frouxa segundo a qual Antípatro e Panécio estariam inclinados a um ponto de vista mais altruísta.

Os três professores de Rodes nos parecem homens de grande erudição e de amplos interesses, e não sem força original; por outro lado, não podemos dizer que tenham feito contribuições muito grandes para a discussão dos problemas da filosofia. Além deles, encontramos poucos vestígios de capacidade criativa na escola durante o primeiro século a.C. No entanto, havia vários professores ocupados em expor e defender as doutrinas da escola, e seu interesse especial estava nas controvérsias entre a do Pórtico e a da Academia. Dessas controvérsias resultou uma fusão temporária das duas escolas. Seus respectivos nomes e dogmas permaneceram inalterados, mas não se dava mais atenção às grandes diferenças de princípio que as dividiam. O aprendizado, a política e as influências sociais estavam em ação não para solucionar as grandes controvérsias, mas sim para as encobrir. Dessas circunstâncias surgiu o tipo que hoje chamamos de "eclético", mas que os romanos chamavam simplesmente de "filósofo", ou seja, o indivíduo que extraía sabedoria prática de todas as fontes, não se prendendo aos dogmas de nenhuma escola, mas conquistando seu caminho por meio da aptidão do discurso e da simpatia de maneiras para a importância social. Atualmente, temos apenas um interesse limitado nessas reputações efêmeras; o tipo ainda está conosco tanto no pregador, cujas simpatias são dadas com a mesma prontidão a meia dúzia de denominações beligerantes, quanto no político que enfatiza sua conexão por nascimento com três ou quatro nacionalidades e outros tantos graus da sociedade. Tampouco somos obrigados a questionar a utilidade dessa diluição de diferenças. Devemos, entretanto, observar que, no que diz respeito ao nosso assunto imediato, a fusão foi equivalente a uma derrota do estoicismo pela Academia. Que nada pode ser definitivamente provado, que uma pessoa pode escolher seus princípios ao sabor de sua fantasia, e um argumento pode ser suficientemente sólido para fins práticos, mesmo quando existir um contra-argumento de força quase igual, que os problemas da dialética, da física e da ética podem ser discutidos separadamente, em vez de serem tratados como partes de um todo. São esses os pontos pelos quais o acadêmico lutou com tanta consistência quanto seu sistema permitia, e que todo filósofo, quer se autodenominasse estoico ou não, admitia quando começava a combinar os ensinamentos de diversos sistemas.

Após a morte de Panécio, a escola de Atenas parece ter sido dirigida por Dardano e Mnesarco, ambos de Atenas, conjuntamente. Mais tarde encontramos à sua frente Dionísio de Cirene, que gozava de grande reputação como matemático e era um vigoroso oponente de Demétrio, o epicurista. Na mesma época Atenodoro, o ancião de Tarso (130-60 a.C.), tornou-se bibliotecário em Pérgamo, e fez uso de sua posição para apagar das obras de Zenão aquelas passagens (provavelmente da *República*) que eram repugnantes ao ensino estoico de seu tempo. No entanto, ele foi detectado e as passagens em questão foram restauradas. Parece também que ele aconselhava o afastamento dos aborrecimentos da vida pública, uma política que de modo algum se coaduna com o ensinamento de Zenão, e pela qual ele foi repreendido por Sêneca. Dele ouvimos pela primeira vez o preceito prático que tanto Sêneca quanto Juvenal ecoam, de não pedir aos deuses nada que não se possa pedir abertamente. Em sua velhice ele deixou Pérgamo e passou a residir em Roma com Marco

Pórcio Catão, em 70 a.C. Entre os amigos mais jovens de Catão estavam Antípatro de Tiro, que escreveu sobre ética prática e morreu em Atenas por volta de 45 a.C., e Apollonides, com quem ele conversou sobre o tema do suicídio pouco antes de sua morte. Cícero recebeu instruções de Diódoco sobre o estoicismo antes de 88 a.c. Ele tinha grande afeição por Cícero e o convidou para morar em sua casa, onde permaneceu até sua morte, em 59 a.C., quando deixou a Cícero uma propriedade considerável. Em sua velhice ficou cego, mas continuou seus estudos e, em particular, o de Matemática, tão ardentemente como sempre. Apolônio de Tiro escreveu uma biografia de Zenão, que Diógenes Laércio citou com frequência. A esse período talvez pertença Hiérocles, que se opôs amargamente a Epicuro por ter escolhido o prazer como o fim da vida, e ainda mais por sua negação da Providência.

Temos poucos motivos para lamentar o fato de que apenas fragmentos, no máximo, nos restam das obras desses filósofos, uma vez que Cícero nos apresenta uma visão abrangente não apenas das doutrinas que professavam, mas também das críticas que seus oponentes lhes fizeram, e ainda das respostas que deram a essas críticas. Ao realizar esse trabalho para o estoicismo e seus sistemas rivais, Cícero não apenas criou a terminologia filosófica do futuro por meio de suas traduções de termos técnicos do grego para o latim, mas também estabeleceu um novo estilo de discussão filosófica. Pelo tom amigável de seus diálogos, colocados na boca de homens cujo interesse comum nos estudos gregos tornava as divergências das escolas às quais pertenciam uma questão secundária, pela amplitude de seu estilo, que dá a si mesmo tempo e espaço para abordar uma concepção difícil embasada em muitos pontos de vista, bem como pela simplicidade de sua linguagem e ilustrações, que pressupõe que toda contenda filosófica pode ser colocada de forma clara e forte diante do homem comum de letras, ele estabeleceu um exemplo da arte da exposição que talvez não tenha sido superado desde então. Suas exposições mais sistemáticas da doutrina estoica são as seguintes: na acadêmica uma visão geral dos ensinamentos de Zenão é dada por Marco Terêncio Varrão (i 10, 35 a 11, 42), e a lógica estoica, como aceita por Antíoco, é defendida por Lúcio Licínio Lúculo (ii 1, 1 a 19, 63). No *de Natura deorum* (bk ii), a física estoica é explicada por Quinto Lucílio

Balbo, e no *de Finibus* (bk iii), a ética estoica por Marco Pórcio Catão, como o romano mais ilustre que a adotou como padrão de vida. No *De Officiis*, Cícero adota a forma de uma carta endereçada a seu filho quando estudava em Atenas, e adapta declaradamente a substância da mencionada obra de Panécio, complementando-a por meio de um memorando do ensino de Posidônio que foi especialmente preparado para ele por Calvus Athenodorus, livro que trata da ética principalmente em suas aplicações práticas. Em muitas de suas outras obras, tais como *de Amicitia, de Senectute, Tusculan disputations, de Fato, de Divinatione* e *Paradoxa*, Cícero faz uso de material estoico sem fazer uma exposição declarada do sistema estoico.

A escola à qual Cícero finalmente se vinculou foi aquela fundada por Antíoco de Ascalão (125-50 a.C.), que sob o nome de "antiga Academia" ensinava doutrinas que eram praticamente indistinguíveis daquelas do estoicismo diluído que passaram a prevalecer, evitando apenas o temperamento dogmático e alguns dos paradoxos dos estoicos. Esse parece ter sido o tom predominante da discussão filosófica desde a queda da República até a morte de Augusto. Brutus (o "tiranicida"), embora associações familiares e políticas tenham ligado seu nome ao de Catão, era, em suas opiniões filosóficas, um seguidor de Antíoco. Provavelmente não eram muito diferentes os pontos de vista de dois professores, nominalmente estoicos, que ocupavam altos cargos na casa de Augusto. Atenodoro, o jovem de Tarso (possivelmente o mesmo Atenodoro Calvo mencionado na última seção), foi aluno de Posidônio e, enquanto lecionava em Apolônia, tinha entre seus alunos o sobrinho-neto de Júlio César, Octavius, que mais tarde se tornou o imperador Augusto. Octavius levou seu professor consigo para Roma, e ele teve o mérito de exercer uma influência restritiva sobre seu patrono. No ano 30 a.C., foi enviado em sua idade avançada para reformar o governo de sua cidade natal, Tarso. Ele parece ter escrito principalmente sobre temas morais populares. Ário Dídimo de Alexandria, que por um período mais longo esteve instalado na casa de Augusto, é interessante para nós como o primeiro daqueles que fizeram excertos das obras de escritores anteriores, e a ele devemos a maioria dos fragmentos estoicos encontrados na obra de Estobeu. Ele provavelmente se baseou, em primeiro lugar, nos escritos de Antíoco de Ascalon. Ele foi fundamental para salvar sua cidade natal, Alexandria, quando tomada por Augusto no ano 30 a.C. É bastante provável que seu *Epítome* tenha sido preparado para o uso de Augusto e tenha fornecido o material para discussões filosóficas no banquete, como aquelas às quais Horácio se refere com tanta frequência. Sêneca nos diz que conhecia os pensamentos mais íntimos da família de Augusto e relata a linguagem com que ele consolou Lívia após a morte de seu filho Druso (9 a.C.). Ele foi sucedido por Theon de Alexandria, também um estoico, que tinha um interesse especial em fisiologia.

Sabemos por Horácio que, na época de Augusto, os filósofos estoicos eram encontrados não apenas na corte, mas também nas salas de aula públicas e nas esquinas das ruas. Tais eram Stertinius, que os comentaristas dizem que foi o autor de 120 livros sobre estoicismo; Crispinus, que se diz ter sido um mau poeta; e Damasippus. Nos divertidos esboços de Horácio encontramos o estoico como ele aparecia para os não convertidos. Ele tem dor nos olhos, ou então uma tosse incômoda, pressiona seus ouvintes com seus ensinamentos de forma injustificada e inoportuna. Mas no reinado de Tibério encontramos esses palestrantes populares tidos em alta estima. Um dos mais eminentes era Attalus, de quem Sêneca, o filósofo, nos dá um relato brilhante. Sêneca era o primeiro a cada dia a cercar a porta de sua escola e o último a sair por ela. Esse filósofo deve ter exercido uma influência extraordinária sobre os jovens de sua época. Em sua boca a célebre frase "o homem sábio é um rei" parecia uma afirmação modesta, e seus alunos estavam meio dispostos a considerá-lo um deus. Quando ele declamava sobre a miséria da vida humana uma profunda piedade por seus semelhantes se abatia sobre eles, e quando ele exaltava a pobreza eles se sentiam dispostos a renunciar à sua riqueza. Quando ele recomendava a vida simples eles prontamente abandonavam o uso de carne e vinho, de unguentos e de banhos quentes. Sêneca cita dele na íntegra um discurso sobre a vaidade da riqueza, que mostra que seu ensinamento era muito semelhante ao do mais famoso Musônio. Ele atribuía um valor especial à disciplina que as dificuldades trazem consigo. Ele incorreu na aversão de Sejanus, que o defraudou de sua propriedade e o reduziu à posição de um camponês.

Em seguida, nossa atenção é atraída por Lucius Annaeus Cornutus (20-66 d.C.), que nasceu na África e entrou na casa dos Annaei, presumivelmente como escravo. Lá ele recebeu sua liberdade e se tornou o professor dos dois poetas Pérsio e Lucano. O primeiro nos deixou um relato atraente de sua personalidade. Ele escreveu em grego, e uma de suas obras, "Sobre a natureza dos deuses", ainda existe. Esse livro é um desenvolvimento do sistema que vemos seguido por Cícero no *De natura deorum* (baseado em Posidônio), por meio do qual é feita uma reconciliação entre a física estoica e a mitologia popular. Por meio da etimologia e da alegoria tudo o que é incrível ou ofensivo nas antigas lendas dos deuses é metamorfoseado em uma explicação racionalista dos fenômenos do Universo. Assim, Zeus é a alma do Universo em razão de ser a causa da vida em todos os seres vivos, sendo Zeus derivado de "viver". Apolo é o Sol, e Ártemis, a Lua. Prometeu é a providência que governa o Universo. Pã é o Universo. Cronos consome todos os seus descendentes, exceto Zeus, pois o tempo consome tudo, exceto o que é eterno. Hera, o ar é irmã e esposa de Zeus, porque os elementos fogo e ar estão intimamente associados. A popularidade de tal tratado vai longe para nos explicar a estreita conexão que estava sendo estabelecida entre a filosofia estoica e as práticas da religião romana.

A VIDA DE SÊNECA

Aproximadamente contemporâneo de Annaeus Cornutus, mas talvez um pouco mais velho, foi o famoso escritor latino Lucius Annaeus Seneca (4 a.C.-65 d.C.). Nascido em Córdoba, na Espanha, ele pode ter herdado gostos simples de sua origem provinciana, mas foi a eloquência de Átalo que o levou a uma escolha deliberada da vida filosófica. Sob essa influência, ele chegou a ser tentado a jogar fora sua riqueza, ao passo que o filósofo pitagórico Sotion o induziu a se tornar vegetariano por um tempo. Até o fim de seus dias ele aderiu à "vida simples", sentia aversão ao vinho, às ostras e a todos os alimentos luxuosos, rejeitava banhos quentes e cadeiras macias por serem debilitantes, e dos perfumes ele só queria o melhor, ou seja, nenhum. Era um ardente amante dos livros e nos parece ser o último romano que fez um estudo sistemático do estoicismo nas autoridades originais e, assim, compreendeu o sistema em toda a sua extensão. No entanto, ele não pretendia, como seu professor Átalo, ser um homem sábio. Longe disso, ele lamentava que ainda estivesse nas águas profundas da maldade. Em uma época em que uma carreira governamental era livremente aberta ao talento os poderes e a indústria de Sêneca o levaram a uma alta posição política e aumentaram muito sua riqueza herdada. Ele desempenhou um papel na corte de Cláudio e, com o tempo, tornou-se tutor e, por fim, ministro de Nero. Ele não possuía o zelo de um reformador e, sem dúvida, tolerou muitos abusos e muitas vezes abaixou a cabeça diante do poder, mesmo quando ligado à tirania. Mas se ele não imitou a rigidez inflexível de Catão, ainda não temos razão para dar crédito às calúnias pessoais que o perseguiram na corte. Se sua carreira como um todo tivesse sido um descrédito para sua profissão filosófica podemos ter certeza de que Juvenal nunca teria ignorado um contraste tão sensacional. Nos últimos anos de sua vida ele renunciou ao poder político para poder se dedicar ao que considerava uma tarefa mais importante, a exposição dos ensinamentos práticos do estoicismo. Por fim, ele foi, ou parecia ser, arrastado para uma conspiração contra o imperador e, como consequência, foi obrigado a pôr fim à própria vida.

O estilo literário de Sêneca foi severamente criticado por críticos quase contemporâneos a ele. Aulo Gélio nos diz que, em sua época, muitos achavam que não valia a pena ler seus escritos, porque o estilo era considerado vulgar, o assunto característico de homens sem instrução, o argumento mesquinho e exagerado. Quintiliano acha que muito de seu trabalho é admirável, mas muito também é manchado por um esforço para um efeito barato e uma falta de conhecimento sólido, e ele não o considera de forma alguma comparável a Cícero. Esse julgamento é geralmente mantido no mundo da erudição moderna, com o resultado de que as obras de Sêneca não são lidas em nossas escolas e universidades, e são pouco conhecidas até por acadêmicos profissionais. Por outro lado, podemos colocar a extraordinária popularidade de Sêneca tanto em sua época quanto na época da Renascença. É possível argumentar que seu estilo representa a verdadeira tendência da língua latina em sua época, e que está na linha direta do estilo moderno da prosa francesa, geralmente considerado o melhor do mundo. Com relação à sua matéria, não é possível negar que ele repete o mesmo ensinamento moral muitas vezes em forma ligeiramente alterada, e que raramente nos dá um tratamento contínuo ou completo de qualquer assunto importante. Seus escritos podem muito bem ser comparados aos artigos de nossa literatura periódica e às produções periódicas de nossos púlpitos, que visam mais ao efeito imediato do que à lenta construção de um conhecimento ordenado. Justamente por essa razão, eles ilustram admiravelmente para nós o estoicismo em sua aplicação prática à vida diária, e a extraordinária popularidade de que desfrutaram por muitos séculos parece mostrar que eles estão em contato com instintos profundamente enraizados da humanidade.

Sêneca afirma ser um pensador independente, adotando apenas os pontos de vista dos mestres estoicos porque seus argumentos o convencem. Ainda assim, ele não usa a liberdade que reivindica para afirmar quaisquer novos princípios, mas apenas para se desviar ocasionalmente na direção de pontos de vista populares. Dessa maneira, ele frequentemente adota algum dogma de Epicuro ou algum paradoxo cínico para apontar uma moral, e parece inconsciente das diferenças profundas que mantêm essas escolas separadas do estoicismo, e somente em resposta a algum desafio ele declara com algum cuidado a posição estoica. Esse é particularmente o caso do problema da riqueza, que tanto Epicuro quanto Cínico menosprezam, mas o verdadeiro estoico é chamado a defender como uma "coisa de alto grau". No entanto, quando Sêneca é chamado a defender a própria posse de riqueza, ele expõe seu caso com admirável clareza.

Talvez seja em parte por causa do seu estilo que, às vezes, parece que o domínio de Sêneca sobre a doutrina estoica era frequentemente fraco. Ele não acreditava realmente na convicção e no conhecimento científico: "se tentarmos ser exatos em todos os lugares, precisaremos manter silêncio, pois há algo a ser dito contra a maioria das afirmações". Em relação ao detalhado sistema estoico de lógica, ele sente apenas desprezo. Na física, no entanto, seu interesse é aguçado, provavelmente sob a influência de seu favorito Posidônio, ele estabelece com grande clareza a teoria do tom ao sustentar eloquentemente a existência de deuses, abandonando as provas tradicionais e baseando sua convicção no senso moral do ser humano. Ele mantém firmemente a doutrina da conflagração. Ainda assim, temos motivos constantes para duvidar que essas crenças estejam ligadas em sua mente por qualquer princípio consistente. Sua ética é marcada por uma fraqueza semelhante, uma vez que a "força e o vigor" socráticos estão ausentes e são substituídos por um espírito de quietismo e resignação. A importante posição que ele ocupou na política romana não desperta nenhum entusiasmo em si mesmo, tampouco a grandeza do Império Romano excita sua admiração. Seu coração está em seus livros, aos quais ele se dedicou inteiramente em seus últimos anos. Seu homem sábio não sairá do caminho para se misturar na política; em vez disso, ele considerará cuidadosamente como pode evitar os perigos de conflitos sociais. Esse ensinamento moral enfraquecido é encontrado também nos sucessores de Sêneca, e na literatura moderna é constantemente citado como a verdadeira doutrina estoica. Embora a filosofia de Sêneca lhe dê muitas desculpas para sua aposentadoria, ele teria sido um discípulo mais fiel de Zenão e de Cleantes se tivesse suportado o fardo da vida pública até o fim.

No mesmo período que Sêneca viveu também esteve Caio Musônio Rufo, em quem, no entanto, observamos distintamente o que podemos conjecturar ter sido também o caso de Átalo, que o ensino ético está se tornando divorciado da teoria filosófica, e assim o ponto de vista cínico se aproxima. Musônio era um pregador com um discurso singularmente impressionante. Falando com o coração sobre assuntos de importância moral direta ele conquistou o respeito até daqueles que estavam menos dispostos a serem guiados por ele. Desprezava os aplausos de seus ouvintes, desejando, em vez disso, ver cada um tremer, corar, exultar ou ficar perplexo, de acordo com o que o discurso lhe afetava. "Se vocês têm tempo para me elogiar", disse ele a seus alunos, "não estou falando para nada", ao que um deles afirmou: "Assim ele costumava falar de tal maneira que todos os que estavam sentados ali supunham que alguém o havia acusado perante Rufus, uma vez que ele tocava tanto no que estava acontecendo quanto colocava diante dos olhos as falhas de todos os homens". Entre seus alunos estavam Aulus Gellius, o antiquário, Epiteto e um certo Pollio, que fez uma coleção de seus ditos dos quais extratos foram preservados para nós por Estobeu. Eles consistem em máximas morais, tais como "viva cada dia como se fosse o último", "nada é mais prazeroso do que a temperança", bem como discursos ou uma exposição crítica que os filósofos (cínicos e estoicos) faziam a respeito de alguma obra, chamada de "diatribe", que trata de assuntos como disciplina, resistência, casamento, obediência aos pais e assim por diante. Em termos de elevação de padrão esses escritos são mais elevados do que os dos primeiros estoicos, e a influência de Musônio foi tão grande que quase podemos considerá-lo um terceiro fundador da filosofia.

Na vida pública Musônio desempenhou um papel conspícuo, era o Catão de sua geração, que contava com a confiança de todos os partidos por sua absoluta retidão de caráter, bem como era respeitado por seu destemor. Ele estava fora de contato com as condições reais do mundo romano. Quando, em 62 d.C., Rubellius Plautus se viu incapaz de acalmar as suspeitas de Nero sobre sua lealdade, acredita-se que Musônio o encorajou a aguardar seu fim com calma, em vez de tentar uma rebelião. Após a conspiração de Pisão, Musônio foi banido de Roma por Nero com a maioria das personalidades eminentes da capital. Com a morte de

Nero ele retornou a Roma e, quando os exércitos de Vespasiano e Vitélio estavam lutando nos subúrbios da cidade, o Senado enviou delegados para propor termos de paz. Musônio juntou-se a eles e se aventurou a falar aos soldados comuns, discorrendo sobre as bênçãos da paz e reprovando-os severamente por portarem armas. Ele foi tratado com aspereza e forçado a desistir. Tácito fala severamente sobre essa demonstração inoportuna de filosofia, e certamente Roma não teria saído ganhando se a questão tivesse permanecido indecisa. Mas o fato de tal tentativa ter sido possível, desafiando toda a disciplina militar, diz muito sobre a coragem do orador e sobre o respeito que sua profissão tinha. Musônio continuou a desempenhar um papel honroso na vida pública durante o reinado de Vespasiano, e manteve a confiança do imperador mesmo em um momento que seus conselheiros conseguiram seu consentimento para uma medida de expulsão de outros filósofos da capital.

Nos reinados de Tito e de seus sucessores, os alunos e convertidos de Musônio desempenharam papéis importantes na vida pública. Entre eles estava Eufrates, de Tiro ou Epifania (35-118 d.C.), que em sua época conquistou todos os corações e convenceu todos os julgamentos. "Algumas pessoas", diz Epiteto, um de seus colegas, "tendo visto um filósofo e tendo ouvido alguém falar como Eufrates – e, no entanto, quem pode falar como ele?". Plínio o conheceu em sua terra natal e ficou cheio de afeição pelo homem. Ele achou seu estilo digno e sublime, mas notou especialmente sua doçura, que atraía até seus oponentes. Sua aparência pessoal era ainda mais encantadora, pois ele era alto, bonito e dono de uma barba longa e venerável. Sua vida privada era irrepreensível, e ele se dedicava à educação de sua família de dois filhos e uma filha. Ele parece ter conseguido conciliar completamente a filosofia com o sucesso mundano.

Mais ascético em seu temperamento foi Dio de Prusa (40-117 d.C.), que foi inicialmente um oponente, mas depois um seguidor de Musônio. Estoico na teoria, cínico na prática, ele assumiu o manto de um homem pobre e vagou como médico de almas. Sua eloquência conseguiu acalmar um motim de soldados que se seguiu à morte de Domiciano e lhe rendeu o título de "boca de ouro" na geração seguinte. Nerva e Trajano o honraram muito. Um grande número de seus discursos ainda existe.

EPITETO E MARCO AURÉLIO

A influência de tais professores era, de qualquer forma, generalizada, e se suspeitarmos que o estoicismo já estava perdendo sua força intensiva à medida que ampliava a esfera de sua influência, nesse caso ele apenas obedecia ao que veremos ser sua lei de atividade criativa. Ainda temos de considerar os dois professores que são os mais famosos e os mais familiares não porque eles expressam mais verdadeiramente a substância do estoicismo, mas sim porque eles tocaram mais profundamente os sentimentos da humanidade. São eles Epiteto de Hierápolis (50-130 d.C.) e Marco Aurélio, que mais tarde sucedeu ao principado. O contraste entre suas posições tem suscitado comentários com frequência, uma vez que Epiteto nasceu escravo e só obteve sua liberdade na idade adulta, ou seja, após a morte de Nero, em 68 d.C. Na realidade, é característico da época o fato de tantos homens de origem estrangeira e mesmo servil terem ascendido a posições de eminência e se tornado associados e professores de homens de alto escalão oficial. Nas grandes famílias de escravos, em particular da Roma imperial, oportunidades inigualáveis estavam abertas ao talento. A "escada educacional" estava em toda parte estabelecida para encorajar os jovens a fazer o melhor de seus dons. Além disso, assim como os jovens nobres eram frequentemente apaixonados pelas moças escravas, muito superiores às damas de sua classe em inteligência, gentileza de maneiras e lealdade diante de todos os terrores e tentações, os mais velhos encontravam prazer na companhia dos homens atenciosos e intelectuais que chegavam à frente por meio da competição das escolas de escravos. Assim, o imperador Cláudio escolheu seus ministros entre os libertos, provocando, com isso, a zombaria da aristocracia romana, mas promovendo um grande avanço no bom governo do Império Romano. E foi Epafrodito, ele próprio um liberto de Nero, que enviou o jovem Epiteto para estudar aos pés de Musônio Rufo. Epiteto era um homem de sentimentos calorosos e cabeça clara, seus discursos, registrados para nós por seu ouvinte Arriano, servem admiravelmente para estimular as virtudes domésticas e manter vivo o espírito religioso, apesar de seu ensino carecer da força que convém ao treinamento de um estadista ou de um rei. Na lógica, ele se inclina demais para a suspensão do julgamento, e na ética, para a resignação. Mas ele não perdeu totalmente a força socrática, uma vez que em sua juventude ele andou perguntando a seus vizinhos se suas almas estavam em boa saúde, e mesmo quando eles responderam "O que é isso para você, meu bom homem? Quem é você?", ele persistia em causar problemas. Somente quando eles levantaram as mãos e o agrediram é que ele reconheceu que havia algo faltando em seu método. Outros jovens filósofos, segundo ele, não tinham essa energia e eram homens de palavras, não de ações. Como outros filósofos, ele foi expulso de Roma por Domiciano, em 89 d.C., quando se retirou para Nicópolis, onde ele deu palestras até o momento de sua morte.

Epiteto foi um vigoroso opositor do grupo de jovens filósofos que se deleitavam em exibir seu talento nos meandros da lógica estoica e em sua juventude foi criticado por seu professor Musônio por subestimar essa parte da filosofia. No entanto, ele passou a ver a grande importância de um treinamento completo nos métodos de raciocínio, de modo que, na vida prática, seria necessário distinguir o falso do verdadeiro, assim como distinguir as moedas boas das ruins. Na física ele enfatizou principalmente a teologia, e a "vontade de Deus" ocupa um lugar importante em sua concepção do governo do mundo. Em seu tratamento da ética prática ele faz uso livre de ilustrações da vida social de sua própria época: encontra exemplos da força socrática no atleta e no gladiador, deixando claro que o verdadeiro filósofo não é (como muitos acreditam que os estoicos defendiam) desprovido de sentimentos naturais, mas, ao contrário, afetuoso e atencioso em todas as relações da vida. Ele tem um respeito especial pelo cinismo, que aparece em suas palestras não como o representante de um sistema filosófico diferente, mas como filantropo, professor, consolador e missionário. Há, de fato, nos discursos de Epiteto uma fusão completa do estoicismo com o cinismo, e neles encontramos imagens não apenas do sistema cínico como um todo, mas também de professores individuais, como Antístenes e Diógenes, profundamente diferentes e muito mais humanos do que as representações deles familiares em outras literaturas. De fato são imagens de professores cínicos transmitidas ou idealizadas pelos membros de sua seita. Ao lado deles estão as imagens de Ulisses, o sábio, e Héracles, o purificador do mundo, como devem ter sido descritas de geração em geração pelos oradores cínicos para seus ouvintes entre os pobres e infelizes.

No século II d.C., os professores professos do estoicismo devem ter sido muito numerosos. Com a morte de Domiciano, a perseguição havia desaparecido. Os filósofos eram tidos em alta estima em toda parte e, por sua vez, toda a sua influência era usada para apoiar o estado existente da sociedade e a religião oficial. Na primeira parte do século, Arriano (90-175 d.C.) foi o mais eminente dos estoicos, observado que sua relação com seu professor Epiteto se assemelhava muito à de Xenofonte com Sócrates. A ele devemos a publicação dos "discursos" que ele ouviu Epiteto proferir. Em 124 d.C., quando dava palestras em Atenas, conquistou a simpatia do imperador Adriano e foi nomeado por ele para altos cargos públicos, nos quais se mostrou um administrador sábio e um general habilidoso; em 130 d.C., recebeu o cargo de cônsul; mais tarde, retirou-se para sua cidade natal, Nicomédia, na Bitínia, onde exerceu o sacerdócio local e dedicou-se à produção de obras sobre história e táticas militares. Não fez nenhuma contribuição direta à doutrina estoica.

Depois que Arriano abandonou o ensino da filosofia em favor da vida pública, Quinto Junio Rústico assumiu o cargo que ele deixou vago. A ele, entre outros professores pertencentes a várias escolas filosóficas, foi confiada a educação do futuro imperador Marco Aurélio, que nos dá a seguinte imagem do ensino que recebeu:

Rusticus, concebi pela primeira vez a necessidade de correção e emenda moral; renunciei a ambições sofísticas e ensaios sobre filosofia, discursos que provocavam a virtude ou retratos extravagantes do sábio ou do filantropo; aprendi a evitar a retórica, a poesia e a linguagem fina, a não usar roupas elegantes em casa nem outras afetações do gênero; em minhas cartas manter a simplicidade, de Sinuessa para minha mãe; ser encorajador e conciliador com qualquer pessoa que estivesse ofendida ou irritada, à primeira oferta de avanços de sua parte. Ele me ensinou a ler com precisão e a não me contentar com uma vaga apreensão geral; e a não dar um consentimento precipitado aos tagarelas. Ele me apresentou às memórias de Epiteto, presenteando-me com uma cópia de suas lojas".

Em Rusticus, podemos identificar com segurança um sucessor da escola de Musônio e Epiteto. Marco Aurélio é comumente chamado de "o filósofo no trono", mas essa descrição pode ser enganosa. Aurélio era, em primeiro lugar, um príncipe romano; às instituições de Roma e à sua posição como principal representante delas ele devia sua principal lealdade. Ele foi, sem dúvida, um aluno hábil dos filósofos da corte dos quais estava cercado, tendo escolhido deliberadamente a filosofia em vez da retórica e, entre as várias escolas de filosofia, seu julgamento classificou o estoicismo como a mais elevada. Ele foi razoavelmente bem instruído, mas de modo algum erudito, em suas doutrinas ele aderiu com sinceridade, mas sem ardor, aos seus preceitos práticos. Nas horas de lazer de uma vida ocupada era seu conforto e relaxamento expressar seus pensamentos na forma de reflexões filosóficas. Mas sua atitude em relação ao estoicismo é sempre a de um juiz, e não a de um defensor; e muito do que a escola recebeu como raciocínio convincente, ele rejeitou como uma argumentação engenhosa. Portanto, uma grande parte da doutrina estoica, e quase toda a sua instrução detalhada, desaparece de sua visão. Mas temos a vantagem de que o último dos escritores estoicos traz à tona com mais clareza as características dessa filosofia que ainda podiam atrair a atenção em seu tempo, e que, portanto, fazem parte da última mensagem do mundo antigo para as gerações vindouras. Com base na atitude judicial de Marco Aurélio conclui-se imediatamente que ele não pode aceitar a reivindicação estoica de certeza do conhecimento. A objeção dos oponentes de que o homem sábio, o único que (de acordo com a teoria estoica) possui tal conhecimento, não é encontrado em lugar algum, é sustentada: "As coisas estão tão envoltas em véus que, para não poucos filósofos talentosos, toda certeza parece inatingível. Para os próprios estoicos essa conquista parece precária; e todo ato de assentimento intelectual é falível; pois onde está o homem infalível?".

No entanto, Aurélio não cai no ceticismo. Pelo menos uma doutrina é tão convincente que ele não pode duvidar dela nem por um momento; afinal, ela brilha como verdadeira pela própria luz. É a de que todas as coisas são, em última análise, uma só, e que o ser humano não vive em um caos, mas em um cosmo. Todas as coisas se entrelaçam umas com as outras, em um vínculo sagrado; poucas coisas estão desconectadas umas das outras. Na devida coordenação elas se combinam em uma única e mesma ordem. Pois a ordem do mundo é uma só, feita de todas as coisas, e Deus é um só, permeando tudo, e o ser é um só, e a lei é uma só, até a razão comum de todos os seres possuidores de mente, e a verdade é uma só: visto que a verdade é o único aperfeiçoamento dos seres, um em espécie e dotados da mesma razão.

Por meio da crença em um cosmos, ele é levado a confiar na Providência, mas teoricamente, porque a doutrina do choque casual de átomos não está em harmonia com a crença na unidade final. Praticamente porque em tal convicção somente o ser humano pode encontrar um ponto de partida para a própria atividade. Para ele, a escolha é importantíssima: ou a fortuna ou a razão é o rei e exige a lealdade de todos.

É a parte que lhe foi designada no Universo que o incomoda? Lembre-se da alternativa – ou uma providência previsível ou átomos cegos – e todas as provas abundantes de que o mundo é como se fosse uma cidade.

O mundo ou é uma confusão de combinação e dispersão alternadas, ou uma unidade de ordem e providência. Se for o primeiro caso, por que desejar permanecer em uma mistura e confusão tão aleatórias? Por que pensar em qualquer coisa, exceto no eventual "pó ao pó"? Por que me preocupar? Faça o que eu quiser, a dispersão me alcançará. Mas, por outro lado, eu reverencio, permaneço firme, encontro coragem no poder que dispõe tudo.

Aurélio faz pleno uso das provas estoicas da existência dos deuses, mas logo nos parece que seu apego à religião estabelecida não se baseava de forma alguma em argumentos filosóficos. Ao discutir esse ponto ele demonstra um certo calor que ainda não tivemos oportunidade de notar: "Se de fato eles [os deuses] não se importam com nada – um credo ímpio –, então vamos acabar com o sacrifício, a oração e os juramentos, e todas as outras observâncias pelas quais reconhecemos a presença e a proximidade dos deuses".

Por fim, ele se afasta completamente da filosofia e baseia suas convicções na experiência pessoal: "Para aqueles que fazem a pergunta: 'Onde você viu os deuses, de onde vem sua convicção da existência deles, para que você os adore como faz?', eu respondo: 'Primeiro, eles são visíveis até aos olhos do corpo; segundo, eu também não vi minha alma e, ainda assim, eu a reverencio. O mesmo acontece com os deuses, porque em função de minha experiência contínua de seu poder tenho a convicção de que eles existem e os respeito'".

Ele reservou mais um argumento: a espada, a cruz e a estaca para os "ateus" que se recusassem a ser convencidos. Ele era, afinal de contas, um rei.

Na ética Aurélio declara os princípios do estoicismo com clareza, mas ignora completamente os paradoxos estoicos e não se preocupa com nenhuma teoria detalhada das virtudes e dos vícios. Para ele, a firmeza de caráter é o bem supremo.

Seja como o promontório, sobre o qual as ondas se chocam continuamente, mas que se mantém firme até que, em torno de sua base, as ondas ferventes se acalmem. Você diz: "Que infelicidade para mim que isso tenha acontecido?". Ou melhor, "Que sorte que, apesar disso, não sinto nenhuma dor, não me sinto esmagado pelo presente nem aterrorizado pelo futuro!". A coisa poderia ter acontecido a qualquer um, mas nem todos poderiam tê-la suportado sem uma dor".

Apesar dessas doutrinas, encontramos em suas páginas um tom de melancolia. Aluno de Epiteto, ele aprendeu os princípios de submissão e de resignação, mas não adquiriu a alegre confiança de um período mais antigo, no qual o sábio, mesmo sendo um escravo, sentia-se um rei. Em vez disso, embora fosse um rei, ele se sentia, na verdade, um escravo e um súdito do Universo, que era seu mestre. Ele não contrariava a ordem universal, mas dificilmente sentia o prazer da cooperação ativa. Nesse sentido, ele representa para nós a decadência do estoicismo, ou (para dizer de forma mais correta) o estoicismo colorido pela decadência de Roma.

Sobre a questão da continuidade da existência após a morte, Aurélio retoma e enfatiza o ensinamento de Epiteto, ignorando o fato de que outros professores estoicos, de Zenão a Sêneca, tinham adotado pontos de vista mais amplos ou, pelo menos, permitido uma linguagem mais ampla. Houve, de fato, uma mudança no ponto de vista. Os primeiros estoicos, ocupados com a questão da física, insistiram na indestrutibilidade da substância e na reunião do "espírito" com o espírito onipresente do qual ele veio no início. A escola romana se preocupou mais com as questões da individualidade e da personalidade. Aceitando plenamente o princípio de que aquilo que nasce deve morrer, ela chega à conclusão definitiva de que aquilo que traçamos desde o ventre da mãe, passando pela infância e juventude, pelo sucesso e fracasso na vida, pelo casamento e pelos laços familiares até a fraqueza e a velhice, deve chegar ao fim na morte. O "eu" não pode sobreviver ao corpo. A existência futura da alma, se é que ela existe, não é mais (como para Sêneca) uma questão de expectativa alegre, mas de completa indiferença.

Epiteto expressou isso com clareza suficiente ao afirmar que: "A morte é uma mudança, não do estado que agora é para o que não é, mas para o que não é agora. Então eu não existirei mais? Você não existirá, mas será outra coisa, da qual o mundo agora tem necessidade; pois você também veio à existência, não quando você escolheu, mas quando o mundo teve necessidade de você".

Marco Aurélio repete constantemente a doutrina de várias formas: "Você existe apenas como uma parte inerente a um todo maior. Você desaparecerá naquilo que lhe deu o ser; ou melhor, você será retransmutado na razão seminal e universal".

A morte colocou Alexandre da Macedônia e seu cavalariço em pé de igualdade. Ou eles foram recebidos nos princípios seminais do Universo ou foram igualmente dispersos em átomos.

A perspectiva entristecida de Marco Aurélio sobre a vida se harmoniza bem com a resignação com a qual ele contempla a morte, que para ele, individualmente, será o fim. É por isso que suas reflexões tão frequentemente fazem do pensamento da morte um princípio orientador da ética, pois aquele que aprendeu a olhar calmamente para o seu último ato aprendeu a suportar pacientemente todos os problemas que o adiam. Assim, a última mensagem do filósofo principesco, como a de seu antecessor, é que as pessoas devem "suportar e aguentar".

Marco Aurélio afirma "Não condenem a morte, mas deem-lhe as boas-vindas; não é a morte também uma parte da vontade da natureza? Assim como a juventude e a idade, o crescimento e a puberdade, o surgimento dos dentes, da barba e dos cabelos brancos, a geração, a gravidez e o nascimento dos filhos, assim como todas as outras operações da natureza, também a dissolução é assim. Portanto, o homem racional não deve tratar a morte com impaciência, repugnância ou desdém, mas esperar por ela como uma das operações da natureza. Ó alma pronta, quando chegar a hora da dissolução, para a extinção, dispersão ou sobrevivência! Mas essa prontidão deve proceder de uma convicção interior. Serenamente você aguarda o fim, seja ele a extinção ou a transmutação. Enquanto a hora ainda demora, que ajuda há? O que, senão reverenciar e abençoar os deuses, fazer o bem aos homens, suportar e abster-se? E de tudo o que está fora dos limites da carne e da respiração, lembrar que não é seu, tampouco está em seu poder".

Aurélio não foi professor de estoicismo em sua época, uma vez que seus pensamentos eram dirigidos apenas a si mesmo. Mas o feliz acidente que preservou essa obra, por nove séculos perdida de vista, permite obter uma visão dessa filosofia da qual, de outra forma, teríamos sido excluídos. Não vamos a Aurélio para aprender o que era a doutrina estoica, porque isso é dado como certo em todo o livro, mas podemos ver como ela afetou um homem em quem a perspectiva intelectual foi, afinal, encurtada por simpatias e anseios que haviam crescido em sua natureza. A crítica tradicional à escola como sendo dura, antipática, insensível, se desfaz quando lemos esses "pensamentos", em vez disso, encontramos um excesso de emoção, uma rendição à fraqueza humana. Um estudo do estoicismo baseado apenas nas obras de Aurélio nos daria, de fato, um quadro unilateral, mas um estudo em que elas fossem omitidas certamente não seria completo. Ele é também nossa última autoridade. Nos séculos que se seguiram, outras ondas de pensamento filosófico se sobrepuseram ao estoicismo e, por sua vez, lutaram com mais de uma religião que veio do Oriente. No entanto, por muito tempo, os princípios estoicos foram fielmente inculcados em milhares de lares romanos, e os jovens ensinados na infância a modelar seu comportamento pelo exemplo de Zenão, Cleantes e Epiteto formaram o sal do mundo romano. Se em anos mais maduros eles se juntaram, em um número cada vez maior, à igreja cristã, trouxeram consigo algo que o mundo não podia se dar ao luxo de perder.

OS BUSCADORES DE DEUS[12]

A FAMÍLIA E OS PRIMEIROS ANOS DE SÊNECA

A data exata do nascimento de Sêneca é incerta, mas é bem provável que tenha ocorrido cerca de sete anos antes do início da era cristã. Isso dará à sua vida um toque de profundo e solene interesse se lembrarmos que, durante todas aquelas cenas de culpa e tempestade em meio às quais seu destino anterior foi lançado, vivia e ensinava na Palestina o Filho de Deus, o Salvador do mundo.

Os problemas que por muitos anos atormentaram sua mente estavam começando a encontrar solução em meio a cenas muito diferentes por homens cujo credo e condição ele desprezava. Enquanto Sêneca era vigiado por seu escravo pelas ruas lotadas e perigosas de Roma a caminho da escola, São Pedro e São João eram pescadores nas margens de Genesaré, e enquanto Sêneca assimilava ardentemente a doutrina do estoico Átalo, São Paulo, com não menos fervor, era o primeiro a falar sobre o assunto. Paulo, com não menos fervor de alma, sentava-se aprendendo aos pés de Gamaliel, e muito antes de Sêneca ter percorrido seu caminho, por caminhos vertiginosos e duvidosos, até o zênite de sua fama, desconhecia que o Salvador havia sido crucificado, por cujos únicos méritos ele e nós podemos alcançar nosso descanso final.

Sêneca tinha cerca de dois anos de idade quando foi levado para Roma nos braços de sua ama. Como muitos outros homens que conseguiram alcançar a eminência ele sofreu muito com problemas de saúde em seus primeiros anos. Ele nos conta sobre uma doença grave, da qual se recuperou lentamente sob a cuidadosa e carinhosa assistência da irmã de sua mãe. Durante toda a sua vida esteve sujeito a ataques de asma, que,

---

12 Título original: *Seekers after God* (New York: The Macmillan company, 1902), escrito pelo reverendo Frederic William Farrar (1831-1903), também conhecido como Dean Farrar. Tradução de Murilo Oliveira de Castro Coelho.

depois de sofrer todas as formas de doença, ele diz considerar a pior. Em certa ocasião, seus sofrimentos pessoais pesaram tanto em seu espírito que nada, a não ser a consideração pelos desejos de seu pai, o impediu de cometer suicídio. Mais tarde na vida ele só foi impedido de buscar a libertação da morte pela terna afeição de sua esposa Paulina. Ele poderia ter usado, com poucas alterações, as palavras de Alexander Pope, um dos maiores poetas do século XVIII, segundo as quais seus vários estudos serviram apenas para ajudá-lo "através dessa longa doença, minha vida".

A recuperação dessa doença tediosa é a única alusão que Sêneca fez às circunstâncias de sua infância. Os escritores antigos, até os poetas antigos, raramente se referem, mesmo da maneira mais superficial, aos seus primeiros anos. A causa dessa reticência oferece um curioso problema para nossa investigação, mas o fato é indiscutível. Ao passo que quase não há um único poeta moderno que não tenha se demorado com indisfarçáveis sentimentos de felicidade sobre as suaves lembranças de sua infância, nenhum dos poetas antigos tocou sistematicamente no tema. De Lydgate a Tennyson seria fácil citar em nossos poetas ingleses uma linha contínua de canções líricas sobre o tema da infância. Para a criança, os pinheiros pareciam tocar o céu, como seu coração saltava ao ver o arco-íris, como ela se sentava aos pés da mãe e picava no papel as flores de tecido de seu vestido, como perseguia a borboleta brilhante ou, em sua ternura, temia tirar até a poeira de suas asas, como aprendia doces lições e fazia orações inocentes no colo do pai. Coisas insignificantes como essas, mas que podem ter sido tornadas nobres e belas por uma imaginação amorosa, foram narradas repetidamente nas canções de nossos poetas. Os belos versos de Henry Vaughan podem ser tomados como um exemplo de milhares de outros:

>Felizes aqueles primeiros dias, quando eu
>Brilhava em minha infância de anjo.
>Antes que eu entendesse este lugar
>Designado para minha segunda raça,
>Ou ensinado minha alma a imaginar algo
>Mas um branco pensamento celestial
>Antes que eu ensinasse minha língua a ferir
>Minha consciência com um som pecaminoso

> Ou tivesse a arte negra de distribuir
> Um pecado diverso a cada sentido;
> Mas sentia através de toda essa vestimenta carnuda,
> Brilhantes brotos de eternidade.

A memória de todo estudante de poesia inglesa fornecerá inúmeros paralelos a pensamentos como esses. Como é possível que nenhum poema semelhante possa ser citado em toda a literatura antiga? Como é possível que, para os poetas gregos e romanos, aquela manhã da vida, que deveria ter sido tão repleta de "beatitude natural", pareça ter sido um vazio? Como é possível que escritores tão volumosos, tão domésticos, tão afetuosos como Cícero, Virgílio e Horácio não façam uma única alusão à existência de suas mães?

Responder a essa pergunta de forma completa seria escrever um ensaio inteiro sobre a diferença entre a vida antiga e a moderna, e me afastaria muito do meu assunto imediato. Mas posso dizer, de forma geral, que a explicação está no fato de que, com toda a probabilidade, a infância entre os antigos era um período desconsiderado e, na maioria dos casos, muito menos feliz do que é a nossa da atualidade. O nascimento de uma criança na casa de um grego ou romano não era necessariamente motivo de alegria. Se o pai, quando a criança lhe era mostrada pela primeira vez, se abaixava e a tomava nos braços, ela era recebida como membro da família, mas se a deixasse despercebida ela estava condenada à morte e era exposta em algum lugar solitário ou estéril à mercê das feras ou do primeiro transeunte. E mesmo que uma criança escapasse desse destino nos primeiros sete ou oito anos de vida ela era mantida no ginásio, ou nos aposentos das mulheres, e raramente ou nunca via o rosto de seu pai. Nenhuma auréola de romance ou poesia foi derramada sobre esses primeiros anos. Até que a criança se tornasse adulta o poder absoluto da vida ou da morte estava nas mãos do pai. Ela não tinha liberdade e era pouco notada. Os antigos tinham uma consideração muito pequena pela vida individual, não havia nada de autobiográfico ou introspectivo em seu temperamento. Para eles, a vida pública, a vida do Estado, era tudo, ao passo que a vida doméstica, a vida do indivíduo, ocupava apenas uma pequena parte de sua consideração. Todos os prazeres inocentes da infância, as alegrias do lar, o encanto do círculo doméstico, a fluidez e o brilho da alegria infantil eram pouco apreciados por eles. Os anos que antecederam a idade adulta foram anos de perspectiva e, na maioria dos casos, ofereceram muito pouco para que valesse a pena fazer uma retrospectiva. É uma marca do caráter mais moderno que marca os escritos de Sêneca, em comparação a autores anteriores, o fato de ele se dirigir à sua mãe em termos da mais profunda afeição e não conseguir falar de seu querido filhinho, exceto com uma voz que parece se romper em lágrimas.

Vamos acrescentar outra consideração curiosa. O crescimento do caráter pessoal e as reminiscências de uma vida que avança para a consciência perfeita são amplamente moldados pelo reconhecimento gradual das leis morais, pelo senso de mistério desenvolvido na luta inevitável entre o dever e o prazer – entre o desejo de fazer o certo e a tentação de fazer o errado. Mas, entre os antigos, a concepção de moralidade era tão completamente diferente da nossa, suas noções de obrigação moral eram, na imensa maioria dos casos, muito menos rigorosas e muito menos importantes, uma vez que eles tinham uma desaprovação tão tênue dos pecados que condenamos e uma indignação tão fraca contra os vícios que abominamos, que, em seus primeiros anos, dificilmente podemos supor que eles tenham sondado com frequência essas "profundezas abissais da personalidade" cujo reconhecimento é um elemento necessário para o crescimento individual marcante.

Não temos, portanto, materiais para formar qualquer imagem vívida da infância de Sêneca. Mas, pelo que reunimos sobre as circunstâncias e o caráter de sua família, devemos supor que ele foi excepcionalmente afortunado. Os Sêneca eram ricos, ocupavam uma boa posição na sociedade, eram uma família de gosto refinado, de atividades literárias, de caráter elevado e de disposições amáveis. Sua riqueza os elevava acima da necessidade de cuidados mesquinhos e de turnos degradantes para conseguir um sustento escasso que marcava a carreira de outros homens literários que eram seus contemporâneos. Sua posição e cultura lhes garantiam a intimidade de todos os que mais valiam a pena conhecer nos círculos romanos, e a dignidade e a moralidade gerais que marcavam suas vidas os livravam de toda a probabilidade de serem lançados em um relacionamento próximo com a numerosa classe de epicuristas luxuosos, cujo vício descarado e sem limites dava uma notoriedade infame à capital do mundo.

De Marcus Annaeus Seneca, o pai de nosso filósofo, sabemos poucos detalhes pessoais, exceto que ele era um retórico profissional, que elaborou para o uso de seus filhos e alunos uma série de exercícios de oratória, que chegaram até nós sob os nomes de *Suasoriae* e *Controversiae*. São vários argumentos declamatórios de ambos os lados, a respeito de uma grande variedade de assuntos históricos ou puramente imaginários. Seria impossível conceber qualquer leitura mais totalmente inútil. Mas o velho Sêneca estava mergulhado em uma retórica artificial, e esses argumentos altamente elaborados, inventados para aguçar as faculdades para fins de declamação e debate, provavelmente provinham em parte do seu caderno de anotações e em parte de sua memória. Sua memória era tão prodigiosa que, depois de ouvir duas mil palavras, ele podia repeti-las na mesma ordem. Poucos dos que possuíam tais poderes extraordinários de memória eram homens de talento de primeira linha, e o ancião Sêneca não era exceção. Mas se sua memória não aprimorou seu gênio original ela deve, de qualquer forma, tê-lo tornado um membro muito agradável da sociedade e fornecido a ele um estoque abundante de anedotas pessoais e políticas. Resumindo, Marcus Sêneca era um homem abastado e inteligente do mundo, com muito bom senso, com uma inclinação para falar em público, com uma profunda aversão e desprezo por qualquer coisa que considerasse filosófica ou fantástica, e com um olhar aguçado para a vantagem principal.

Sua esposa Hélvia, se é que podemos confiar no panegírico de seu filho, era, por outro lado, uma personagem muito menos comum. Se não fosse pela aversão do marido ao estudo e à filosofia ela teria se tornado proficiente em ambos e, em um curto período de estudo, fez um avanço considerável. No entanto, seu intelecto era menos notável do que a nobreza e a doçura de sua mente. Outras mães amavam seus filhos porque sua ambição era gratificada por suas honras e suas necessidades femininas eram supridas por suas riquezas, mas Hélvia amava seus filhos pelo bem deles, tratava-os com generosidade liberal, embora se recusasse a colher qualquer benefício pessoal de sua riqueza. Ela administrava seus patrimônios com zelo desinteressado e gastava o próprio dinheiro para arcar com as despesas de sua carreira política. Ela foi superior às fraquezas e aos vícios de sua época. A imodéstia, a praga de sua época, nunca infectou sua vida pura. Gemas e pérolas tinham pouco charme para ela. Ela nunca se envergonhou de seus filhos, como se a presença deles entregasse sua idade avançada. "Você nunca manchou seu rosto", diz seu filho, ao escrever para consolá-la em seu exílio, "com suco de noz ou ruge; você nunca se deliciou com vestidos indelicadamente baixos; seu único ornamento era uma beleza que nenhuma idade poderia destruir; sua glória especial era uma castidade conspícua". Podemos muito bem dizer com o Sr. Tennyson: "Feliz ele. Com uma mãe assim! A fé na mulher bate com seu sangue, e a confiança em todas as coisas elevadas. É fácil para ele, e, embora tropece e caia, não cegará sua alma com barro".

Sua mãe Hélvia também não foi a única dama de mente elevada em cuja sociedade Sêneca passou sua infância. Sua irmã, cujo nome é desconhecido, aquela tia que tão ternamente protegeu o delicado menino e cuidou dele durante a doença de sua infância, parece tê-lo inspirado com uma afeição de calor incomum. Ele nos conta que, quando seu marido era governante no Egito, ela estava tão longe de agir como era de costume com as esposas dos governadores de província, que era tão respeitada e amada quanto eles eram, em sua maioria, execrados e evitados. Tão grave era o mal causado por essas damas, tão intolerável era sua cruel agilidade, como uma fera ataca sua presa, que foi seriamente debatido no Senado se elas deveriam ter permissão para acompanhar seus maridos. Não era o caso da irmã de Hélvia. Ela nunca era vista em público, não permitia que nenhum provinciano visitasse sua casa, tampouco pedia algum favor para si mesma nem permitia que nenhum fosse pedido a ela. A província não apenas a elogiava, mas, o que era ainda mais digno de crédito, quase não sabia nada sobre ela e ansiava em vão por outra dama que imitasse sua virtude e autocontrole. O Egito era o quartel-general de calúnias mordazes e loquazes, mas mesmo o Egito nunca proferiu uma palavra contra a santidade de sua vida. E quando, durante a viagem de volta para casa, seu marido morreu, apesar do perigo e da tempestade e da superstição profundamente arraigada que considerava perigoso navegar com um cadáver a bordo, sequer o perigo iminente de naufrágio poderia levá-la a se separar do corpo do marido até que ela tivesse providenciado seu sepulcro seguro e honrado. Esses são os traços de uma mulher boa e heroica, e o fato de ela retribuir a consideração que faz seu sobrinho ser tão enfático em seus elogios pode ser conjecturado pelo fato de que, quando ele fez sua estreia como candidato às honras do Estado, ela saiu de sua reclusão habitual, deixou de lado por um tempo sua reserva de matrona e, para ajudá-lo em sua campanha, enfrentou por ele a impertinência rústica e a turbulência ambiciosa das multidões que lotavam o Fórum e as ruas de Roma.

Dois irmãos, muito diferentes um do outro em seus hábitos e caráter, completavam o círculo familiar: Marcus Annaeus Novatus e Lucius Annaeus Mela, sendo o primeiro mais velho, e o segundo mais novo do que seu irmão mais famoso.

Marcus Annaeus Novatus é conhecido na história pelo nome de Junius Gallio, que assumiu quando foi adotado pelo orador com esse nome, que era amigo de seu pai. Ele não é outro senão o Gálio dos Atos, o procônsul da Acaia, cujo nome se tornou corrente entre os cristãos como um provérbio de indiferença complacente (Atos, 18:12).

A cena, no entanto, na qual as Escrituras nos dão um vislumbre dele tem sido muito mal interpretada, e falar dele como "Gálio descuidado", ou aplicar a expressão "ele não se importava com nenhuma dessas coisas" à indiferença em questões religiosas, é aplicar totalmente errado o espírito da narrativa. O que realmente aconteceu foi que os judeus, indignados com o sucesso da pregação de Paulo, arrastaram-no perante o tribunal de Gálio e o acusaram de introduzir modos ilegais de adoração. Quando o apóstolo estava prestes a se defender, Gálio o interrompeu desdenhosamente, dizendo aos judeus: "Se, na verdade, estivesse em questão qualquer ato de injustiça ou má conduta, eu naturalmente teria tolerado sua queixa. Mas se se trata de uma investigação verbal sobre questões meramente técnicas de sua lei, cuidem disso vocês mesmos. Não pretendo ser juiz de tais assuntos". Com essas palavras ele os expulsou de seu assento de julgamento exatamente com o mesmo desprezo romano pelos judeus e suas questões religiosas que foi expresso posteriormente por Festo ao cético Agripa (Atos 25), e que havia sido expresso anteriormente por Pôncio Pilatos[13] aos fariseus tumultuosos. Exultando com essa desilusão dos odiados judeus e aparentemente ao lado de Paulo, os gregos foram em massa, prenderam Sóstenes, o líder da sinagoga judaica, e o espancaram à vista do procônsul sentado em seu tribunal. Esse foi o evento que Gálio observou com tão imperturbável desdém. O que poderia importar para ele, o grande procônsul, se os gregos espancavam ou não um pobre judeu? Contanto que não fizessem um tumulto ou lhe dessem mais trabalho sobre o assunto, eles poderiam espancar Sóstenes ou qualquer número de judeus, se quisessem, e ele não se importaria com isso.

Que vislumbre vívido temos aqui por meio da imagem gráfica de uma testemunha ocular, da vida cotidiana em um antigo fórum provinciano. Quão completamente parecemos ver, por um momento, aquela expressão habitual de desprezo que enrolava os lábios finos de um aristocrata romano na presença de nações submissas, e especialmente de judeus! Se Sêneca encontrou algum dos judeus alexandrinos em suas viagens pelo Egito, a única impressão que ficou em sua mente foi aquela expressa por Tácito, Juvenal e Suetônio, que nunca mencionam os judeus sem execração. Em uma passagem, citada por Santo Agostinho (*De Civit. Dei*, iv. 11) de seu livro perdido sobre *Superstições*, Sêneca fala da multidão de seus prosélitos e os chama de "gens sceleratissima", uma "raça muito criminosa". Tem sido frequentemente conjecturado – e mesmo acreditado seriamente – que Sêneca teve relações pessoais com São Paulo e aprendeu com ele algumas lições do cristianismo. A cena que acabamos de observar nos mostrará a total improbabilidade de tal suposição. Provavelmente, a oportunidade mais próxima que já ocorreu para levar o apóstolo cristão a um contato intelectual com o filósofo romano foi essa ocasião, quando São Paulo foi arrastado como prisioneiro

---

13 NOTA DE F. W. FARRAR – A tolerância existia no Império Romano, e os magistrados frequentemente interferiam para proteger os judeus do massacre, mas eles se recusavam absoluta e persistentemente a se preocupar com qualquer tentativa de entender suas doutrinas ou entrar em suas disputas. A tradição de que Gálio enviou alguns dos escritos de São Paulo para seu irmão Sêneca é totalmente absurda; e, na verdade, nessa época (54 d.C.), São Paulo não havia escrito nada, exceto as duas Epístolas aos Tessalonicenses.

à presença do irmão mais velho de Sêneca. O total desprezo e indiferença como ele foi tratado, a maneira como foi sumariamente cortado antes mesmo de poder abrir os lábios em sua defesa, nos dará uma estimativa justa da maneira como Sêneca provavelmente consideraria São Paulo. É altamente improvável que Gálio tenha guardado a menor impressão ou lembrança de uma circunstância tão cotidiana como essa, a única pela qual ele é conhecido no mundo. É possível que ele sequer tenha ouvido o simples nome de Paulo e que, se alguma vez pensou nele, foi apenas como um judeu miserável, esfarrapado e fanático, de olhos escuros e estatura diminuta, que uma vez desejou infligir a ele uma intriga e que uma vez esteve por alguns momentos "entre o vento e sua nobreza". Ele teria, de fato, ficado extremamente espantado se alguém lhe tivesse sussurrado que quase a única circunstância que lhe daria o direito de ser lembrado pela posteridade e o único evento de sua vida pelo qual ele seria geralmente conhecido era aquela relação momentânea e acidental com seu desprezado prisioneiro.

Mas Novatus – ou, para dar a ele seu nome adotado, Gálio – apresentou a seu irmão Sêneca e ao resto do mundo um aspecto muito diferente daquele sob o qual estamos acostumados a pensar nele. Para eles, ele era visto como um ilustre declamador, em uma época em que a declamação era a mais valorizada de todas as realizações. É verdade que havia uma espécie de "tilintar", um certo tom de falsete em seu estilo, que ofendia os homens de gosto refinado, mas essa ressonância meretrícia do estilo era motivo de inveja e admiração quando a afetação era a raiva, e quando os tempos eram muito enervados e corruptos para a concisão viril e a força concentrada de uma eloquência ditada pela liberdade e pela paixão. Ele parece ter adquirido, tanto entre seus amigos quanto entre estranhos, o epíteto de "dulcis", "o encantador ou fascinante Gálio". "Isso é mais", diz o poeta Estácio, "do que ter dado Sêneca ao mundo e ter gerado o doce Gálio". O retrato que Sêneca faz dele é singularmente impecável. Ele diz que ninguém foi tão gentil com ninguém como Gálio foi com todos, e que seu charme conquistou até as pessoas que o mero acaso colocou em seu caminho, e que tal era a força de sua bondade natural que ninguém suspeitava de seu comportamento, como se fosse por causa da arte ou da simulação. Falando de lisonja, em seu quarto livro de *Questões naturais*, ele diz a seu amigo Lucílio: "Eu costumava dizer a você que meu irmão Gálio (a quem todos amam um pouco, mesmo as pessoas que não podem amá-lo mais) era totalmente ignorante de outros vícios, mas detestava isso. Você poderia testá-lo em qualquer direção. Você começava a elogiar o intelecto dele – um intelecto do tipo mais elevado e digno... e ele ia embora! Você começou a elogiar a moderação dele e ele imediatamente interrompeu suas primeiras palavras. Você começou a expressar admiração por sua brandura e suavidade natural de maneiras... e se você fosse levado a exclamar que havia encontrado um homem que não podia ser vencido por aqueles ataques insidiosos que todos admitem, e esperasse que ele pelo menos tolerasse esse elogio por causa de sua verdade, mesmo assim ele resistiria à sua lisonja, não como se você tivesse sido desajeitado, ou como se ele suspeitasse que você estivesse brincando com ele, ou tivesse algum objetivo secreto em vista, mas simplesmente porque ele tinha horror a toda forma de adulação". Podemos facilmente imaginar que Gálio era o irmão favorito de Sêneca, e não ficamos surpresos ao descobrir que o filósofo dedica a ele seus três livros sobre a ira e seu pequeno tratado encantador intitulado "Sobre uma vida feliz".

Do terceiro irmão, L. Annaeus Mela, temos menos notícias. Pelo que sabemos, devemos conjecturar que seu caráter, assim como sua reputação, era inferior ao de seus irmãos. No entanto, ele parece ter sido o favorito de seu pai, que afirma claramente que seu intelecto era capaz de toda excelência e superior ao de seus irmãos. Isso, no entanto, pode ter ocorrido porque Mela, "desejando apenas não desejar nada", contentou-se com a posição de seu pai e dedicou-se totalmente ao estudo da eloquência. Em vez de entrar na vida pública, ele se afastou deliberadamente de todos os deveres civis e se dedicou à tranquilidade e ao descanso. Aparentemente, ele preferia ser um fazendeiro-geral, e não um cônsul. Sua principal fama reside no fato de ter sido pai de Lucano, o poeta da decadência ou da literatura em declínio de Roma. A única anedota sobre ele que chegou até nós é uma que coloca sua avareza sob uma luz muito desfavorável. Quando seu famoso filho, o infeliz poeta, perdeu a vida e se cobriu de infâmia ao denunciar a própria mãe, Átila, na conspiração de Pisão, em vez de se deixar dominar pela vergonha e pela agonia Mela imediatamente começou a cobrar com avidez indecente as dívidas de seu filho, como se quisesse mostrar a Nero que não sentia grande pesar por sua perda. Mas isso não foi suficiente para a malícia de Nero, pois ele disse a Mela que deveria seguir seu filho, e Mela foi forçado a obedecer à ordem e a morrer.

Sem dúvida, Hélvia, se sobreviveu a seus filhos e netos, deve ter se arrependido amargamente do dia em que, com seu marido e seus filhos pequenos, deixou o retiro tranquilo de uma vida em Córdoba. Cada um dos três meninos cresceu e se tornou um homem de gênio, e cada um deles cresceu para manchar sua memória com ações que teriam sido melhor deixadas de lado e para morrer de forma violenta pelas próprias mãos ou pela vontade de um tirano. Mela morreu como vimos, e seu filho Lucano e seu irmão Sêneca foram levados à morte pelas ordens cruéis de Nero. Gálio, depois de se rebaixar a súplicas de pânico por sua preservação, acabou morrendo por suicídio. Foi um fim vergonhoso e miserável para todos eles, mas isso ocorreu em parte em função de seus erros, em parte à dura necessidade dos tempos degradados em que viviam.

A EDUCAÇÃO DE SÊNECA

Por uma razão que indiquei – refiro-me à reticência habitual dos escritores antigos sobre o período de sua infância – não é fácil formar uma concepção muito vívida do tipo de educação dada a um menino romano de boa família até a idade de quinze anos, quando ele deixava de lado o amuleto de ouro e a toga bordada para assumir um modo de vida mais independente.

No entanto, podemos reunir alguns fatos com base nas alusões dispersas dos poetas Horácio, Juvenal, Marcial e Pérsio. Por meio delas aprendemos que os mestres de escola eram, em sua maioria, mal pagos e desprezados, ao mesmo tempo que uma erudição tão minuciosa quanto inútil era rigidamente exigida deles. Ficamos sabendo também que eles eram extremamente severos na aplicação de punições corporais. Orbilius, o mestre-escola de Horácio, parece ter sido um perfeito Dr. Busby,[14] e o poeta Marcial registra com indignação as barbaridades do castigo que ele testemunhava diariamente.

As coisas ensinadas eram principalmente Aritmética, Gramática – grega e latina –, leitura e repetição dos principais poetas latinos. Havia também uma boa dose de recitação e de redação de temas sobre todos os tipos de assuntos históricos. A aritmética parece ter sido principalmente de um tipo muito simples e severamente prático, especialmente o cálculo de juros e juros compostos, ao passo que a filologia em geral, tanto a gramática quanto a crítica, era singularmente estreita, desinteressante e inútil. Que vantagem concebível pode ter sido para qualquer ser humano saber o nome da mãe de Hécuba, da ama de Anquises, da madrasta de Anquemolo, o número de anos que Acestes viveu e quantos barris de vinho os sicilianos deram aos frígios? No entanto, essas eram as minúcias desprezíveis que se esperava que todo mestre-escola tivesse na ponta dos dedos e que todo menino estudioso aprendesse na ponta da língua, um lixo que só poderia ser desaprendido no momento em que fosse conhecido.

Para esse tipo de crítica verbal e arqueologia fantástica, Sêneca, que provavelmente já havia passado por tudo isso, expressa um desprezo profundo e muito racional. Em uma passagem bastante divertida ele contrasta o tipo de uso que seria feito de uma lição de Virgílio por um filósofo e um gramático. Chegando aos versos: "Cada dia mais feliz para os mortais acelera o primeiro, depois, a doença fica para trás e a idade se aproxima".

O filósofo aponta por que e em que sentido os primeiros dias da vida são os melhores dias, e quão rapidamente os dias ruins os sucedem e, consequentemente, quão infinitamente importante é usar bem a aurora dourada de nosso ser. Mas o crítico verbal se contentará com a observação de que Virgílio sempre usa a fuga do voo do tempo e sempre junta "velhice" com "doença" e, consequentemente, que essas são mar-

---

14 Richard Busby (1606-1695) foi um padre anglicano inglês que atuou como diretor da Westminster School por mais de cinquenta e cinco anos e que ficou famoso por administrar liberalmente a punição corporal em sua profissão de professor e mentor.

cas a serem lembradas e plagiadas no futuro na "composição original" dos alunos. Da mesma forma, se o livro em questão for o tratado *Da República*, de Cícero, em vez de entrar em grandes questões políticas, nosso gramático observará que um dos reis romanos não tinha pai (para falar), e outro não tinha mãe, bem como que os ditadores costumavam ser chamados de "mestres do povo", e "que Rômulo morreu durante um eclipse e a forma antiga de *reipsa* era *reapse*, e a de *se ipse* era *sepse*; que o ponto de partida no circo, que agora é chamado de creta, ou "giz", costumava ser chamado de *caix*, ou *carcer*; que opera significava não apenas "trabalho", mas também "assistência", e assim por diante. Isso é educação de verdade? Ou melhor, nosso grande objetivo deveria ser sempre traduzir nobres preceitos em ações diárias? "Ensine-me", diz ele, "a desprezar o prazer e a glória; depois você me ensinará a desvendar dificuldades, a distinguir ambiguidades, a ver através das obscuridades; agora me ensine o que é necessário". Considerando a condição de muito do que, nos tempos modernos, passa pelo nome de "educação" é possível que achemos que as dicas de Sêneca ainda não estejam totalmente obsoletas.

Não sabemos que tipo de mestre-escola ensinou o pequeno Sêneca quando, sob os cuidados do escravo que era chamado de *pedagogus*, ou um "líder de meninos" (de onde vem nossa palavra pedagogo), ele ia diariamente com seus irmãos para a escola pelas ruas de Roma. Ele pode ter sido um Orbilius[15] severo, ou pode ter sido um daqueles tutores de espírito nobre cujo retrato ideal é desenhado em cores tão belas pelo erudito e amável Quintiliano. Sêneca não fez alusão a ninguém que o tenha ensinado durante seus primeiros dias. O único colega de escola que ele menciona pelo nome em seus volumosos escritos é um certo Clarano, um garoto deformado que, depois de deixar a escola, Sêneca nunca mais encontrou até que ambos fossem velhos, mas de quem ele fala com grande admiração. Apesar de suas costas corcundas, Clarano parecia belo aos olhos daqueles que o conheciam bem, porque sua virtude e bom

---

15 Lucius Orbilius Pupillus (114-14 a.C.) foi um gramático latino do século I a.C. que lecionou em uma escola, primeiro em Benevento e, depois, em Roma, onde o poeta Horácio foi um de seus alunos, que o descreve como um açoitador em razão de ter se tornado um pedagogo disciplinador.

senso deixavam uma impressão mais forte do que sua deformidade, e "seu corpo era adornado pela beleza de sua alma".

Não era até que as meras lições escolares tivessem terminado que um menino começava a se dedicar seriamente aos estudos de eloquência e filosofia, o que, portanto, fornece alguma analogia com o que chamaríamos de "educação universitária". Gálio e Mela, os irmãos mais velho e mais novo de Sêneca, dedicaram-se de corpo e alma à teoria e à prática da eloquência. Sêneca fez a escolha mais rara e mais sábia ao dedicar todo o seu entusiasmo ao estudo da filosofia.

Digo a escolha mais sábia porque a eloquência não é algo para o qual se possa dar um recibo, como se poderia dar um recibo para fazer água-de-colônia. A eloquência é a expressão nobre, harmoniosa e apaixonada de verdades profundamente compreendidas ou de emoções intensamente sentidas. É uma chama que não pode ser acesa por meios artificiais. A retórica pode ser ensinada se alguém achar que vale a pena aprender, mas a eloquência é um dom tão inato quanto o gênio do qual ela brota. "Cujus vita fulgur, ejus verba tonitrua" – "se a vida de um homem for um relâmpago, suas palavras serão trovões". Mas o tipo de oratória a ser obtido por uma prática constante de declamação, como a que ocupava as escolas de Retórica, será um relâmpago muito artificial e um trovão muito imitado – não a artilharia do céu, mas o fogo chinês e as bexigas roladas do palco. Nada poderia ser mais falso, mais vazio e mais pernicioso do que a tentativa perpétua de treinar várias classes de jovens para reproduzir a mera maneira dos antigos oradores. Uma era de declamação ilimitada, uma era de conversa incessante, é um viveiro no qual a verdadeira profundidade e nobreza de sentimentos são miseravelmente destruídas. O estilo nunca é pior do que em épocas que se dedicam a ensinar pouco mais. Tal ensino produz um vazio de pensamento oculto sob uma infinidade de palavras. Essa era de inúmeros mestres da oratória foi enfaticamente o período de decadência e decadência. Há um som oco nela, um tom de falsete em sua voz; uma careta literária fatigante na maneira de seus autores. Até seus escritores de gênio foram feridos e corrompidos pelo modo predominante. Eles não conseguem dizer nada com simplicidade porque estão sempre se contorcendo. Sua indignação e amargura de coração, por mais genuínas que sejam, assumem uma forma teatral de expressão. Abundam em irrealidades, uma vez que toda a sua maneira de agir é deformada por uma pretensa esperteza, com antíteses, epigramas, paradoxos, expressões forçadas, figuras e truques de linguagem, esforçando-se para obter originalidade e profundidade quando estão apenas repetindo observações muito comuns. O que mais se poderia esperar de uma época de declamadores assalariados, educados em uma falsa atmosfera de conversa superficial, sempre criando intrigas sobre grandes paixões que nunca sentiram e grandes feitos que seriam os últimos a imitar? Depois de imolar perpetuamente os tarquínios [últimos reis de Roma] e os pisistrátidas[16] em grandiloquência inflada, eles iriam lamber a poeira dos sapatos de um tirano. Como poderia a eloquência sobreviver quando a magnanimidade e a liberdade que a inspiravam estavam mortas, e quando os homens e os livros que professavam ensiná-la estavam cheios de instruções desprezíveis sobre a posição exata em que o orador deveria usar as mãos, e se era bom ou não que ele batesse na testa e desarrumasse o cabelo?

O ensino filosófico que, desde a infância, exerceu um poderoso fascínio sobre a alma ávida de Sêneca era, pelo menos, algo melhor do que isso, e mais de um de seus professores de filosofia conseguiu conquistar sua afeição calorosa e moldar os princípios e hábitos de sua vida. Ele menciona dois deles com especial atenção, a saber, Sótion, o pitagórico, e Átalo, o estoico. Ele também ouviu as palestras do fluente e musical Fabianus Papirius, mas parece que teve menos influência dele do que de seus outros professores.

Sótion havia adotado os pontos de vista de Pitágoras no que diz respeito à transmigração das almas, uma doutrina que tornava o consumo de alimentos de origem animal pouco melhor do que o canibalismo ou o parricídio. Mas, mesmo que algum de seus seguidores rejeitasse essa visão, Sótion ainda sustentaria que comer animais, se não fosse uma impiedade, era pelo menos uma crueldade e um desperdício. "Que dificuldade meu conselho inflige a você?", ele costumava perguntar. "Eu apenas o privo do alimento de abutres e leões". O ardente rapaz – pois

---

16 Seguidores de Pisístrato, tirano da Antiga Atenas que governou entre 546 a.C. e 527 a.C.

nessa época ele não podia ter mais de dezessete anos de idade – ficou tão convencido com essas considerações que se tornou vegetariano. No início, a abstinência de carne era dolorosa, mas depois de um ano, ele nos diz (e muitos vegetarianos confirmarão sua experiência) que não era apenas fácil, mas agradável. Ele costumava acreditar, embora não afirmasse isso como um fato, que isso tornava seu intelecto mais aguçado e ativo. Ele só deixou de ser vegetariano em obediência à advertência de seu pai pouco filosófico, que teria tolerado facilmente o que considerava um mero capricho, se isso não envolvesse o perigo de dar origem a uma calúnia. Por volta dessa época, Tibério baniu de Roma todos os seguidores de religiões estranhas e estrangeiras. Como o jejum era um dos ritos praticados em algumas delas, o pai de Sêneca pensou que talvez seu filho pudesse incorrer, ao se abster de carne, na horrível suspeita de ser cristão ou judeu!

Outro filósofo pitagórico que Sêneca admirava e que ele cita foi Quinto Séxtio, de quem aprendeu a admirável prática do autoexame diário: "Quando o dia terminava e ele se dirigia ao seu descanso noturno, costumava perguntar a si mesmo: 'Que mal você curou hoje? A que vício você resistiu? Em que aspecto você melhorou?'". "Eu também adoto esse costume", diz Sêneca, em seu livro intitulado *Sobre a ira*, "e diariamente defendo minha causa diante de mim mesmo, quando a luz foi retirada e minha esposa, que agora está ciente de meu hábito, ficou em silêncio; considero cuidadosamente em meu coração o dia inteiro e faço uma estimativa deliberada de meus atos e palavras".

No entanto, foi o estoico Átalo que parece ter tido a principal participação na instrução de Sêneca. Seu ensinamento não envolvia nenhum resultado prático que o Sêneca mais velho considerasse questionável. Ele nos conta como costumava assombrar a escola do eloquente filósofo, sendo o primeiro a entrar e o último a sair dela. "Quando eu o ouvia declamar", diz ele, "contra o vício, o erro e os males da vida, muitas vezes sentia compaixão pela raça humana e acreditava que meu professor era exaltado acima da estatura comum da humanidade. À moda estoica, ele costumava se chamar de rei; mas para mim sua soberania parecia mais do que real, visto que ele tinha o poder de julgar os próprios reis.

Quando ele começou a elogiar a pobreza e a mostrar como era pesado e supérfluo o fardo de tudo o que excedia as necessidades comuns da vida, muitas vezes eu desejava sair da escola como um homem pobre. Quando ele começou a repreender nossos prazeres, a elogiar um corpo casto, uma mesa moderada e uma mente pura, não de todos os prazeres ilícitos, mas mesmo de todos os supérfluos, era meu prazer estabelecer limites rígidos para toda voracidade e gula. E esses preceitos, meu satirista latino Lucílio, deixaram alguns resultados permanentes; pois eu os abracei com impetuosa avidez, e depois, quando entrei em uma carreira política, mantive alguns de meus bons princípios. Por causa deles, durante toda a minha vida renunciei a comer ostras e cogumelos, que não satisfazem a fome, mas apenas aguçam o apetite. Por essa razão, habitualmente me abstenho de perfumes, porque o perfume mais doce para o corpo é nenhum, motivo pelo qual dispenso vinhos e banhos. Outros hábitos que uma vez abandonei voltaram a mim, mas de tal forma que apenas substituo a abstinência pela moderação, o que talvez seja uma tarefa ainda mais difícil, já que há algumas coisas mais fáceis para a mente cortar completamente do que desfrutar com moderação. Átalo costumava recomendar um sofá duro no qual o corpo não pudesse afundar e, mesmo em minha idade avançada, uso um de tal tipo que não deixa nenhuma marca de quem dorme. Contei essas anedotas para provar a vocês os impulsos ávidos que nossos pequenos estudiosos teriam para tudo o que é bom, se alguém os exortasse e os incentivasse. Mas o mal acontece por causa, em parte, da culpa dos preceptores, que nos ensinam como argumentar, e não como viver, e em parte em razão da culpa dos alunos, que levam ao professor o propósito de treinar o intelecto, e não a alma. É por isso que a filosofia foi degradada em mera filologia".

Em outra passagem animada, Sêneca nos apresenta vividamente uma imagem dos vários estudiosos reunidos em uma escola de filósofos. Depois de observar que a filosofia exerce alguma influência até sobre aqueles que não se aprofundam nela, assim como as pessoas sentadas em uma loja de perfumes levam consigo um pouco do odor, ele acrescenta: "Não conhecemos, no entanto, alguns que estiveram entre o público de um filósofo por muitos anos e não foram totalmente atingidos por seus ensinamentos? É claro que sim, mesmo os ouvintes mais persistentes e contínuos, a quem não chamo de alunos, mas meros ouvintes passageiros de filósofos. Alguns vêm para ouvir, não para aprender, assim como somos levados ao teatro por prazer, para deleitar nossos ouvidos com a linguagem, com a voz ou com peças teatrais. Você observará uma grande parte do público para quem a escola de filósofos é um mero lugar de lazer. Seu objetivo não é deixar de lado quaisquer vícios ali, ou aceitar qualquer lei de acordo com a qual possam conformar suas vidas, mas que possam desfrutar de meras cócegas em seus ouvidos. Alguns, no entanto, chegam até com tábuas em suas mãos para pegar não coisas, mas sim palavras. Alguns, com semblantes e espíritos ávidos, são estimulados por declarações magníficas, e esses são encantados pela beleza dos pensamentos, não pelo som de palavras vazias. Entretanto, a impressão não é duradoura. Poucos são os que alcançaram o poder de levar para casa o estado de espírito ao qual foram elevados".

Foi a essa pequena classe que Sêneca pertenceu. Ele se tornou um estoico desde muito cedo. Os filósofos estoicos, sem dúvida a mais nobre e pura das seitas antigas, receberam seu nome pelo fato de seu fundador, Zenão, ter dado palestras no Pórtico Pintado ou Stoa Paecile, de Atenas. A influência desses mestres austeros e eloquentes, que ensinavam lições elevadas de moralidade e continência e inspiravam seu jovem público com o brilho de seu entusiasmo pela virtude deve ter sido inestimável naquela época efêmera. Suas doutrinas foram levadas a níveis ainda mais extravagantes pelos cínicos, que eram assim chamados em função de uma palavra grega que significa "cão", significando o que os antigos consideravam ser a brutalidade canina de seus modos. Juvenal observa com desdém que os estoicos só se diferenciavam dos cínicos "por uma túnica", que os estoicos usavam e os cínicos descartavam. Sêneca nunca adotou as práticas do cinismo, mas sempre fala com admiração do arquicínico Diógenes e refere-se repetidamente ao cínico Demétrio como um homem que merece a mais alta estima. "Levo comigo para todos os lugares", escreve ele a Lucilius, "aquele que é o melhor dos homens, Demétrio e, deixando aqueles que usam vestes púrpuras, converso com aquele que está seminu. Por que eu não deveria admirá-lo? Vi que ele não passa necessidade. Qualquer um pode desprezar todas as coisas, mas ninguém pode possuir todas as coisas. O caminho mais curto para a riqueza é o desprezo pela riqueza. Nosso Demétrio não vive como se desprezasse todas as coisas, mas como se simplesmente permitisse que outros as possuíssem".

Esses hábitos e sentimentos lançam uma luz considerável sobre o caráter de Sêneca. Eles mostram que, desde a mais tenra idade, ele era capaz de adotar a abnegação como princípio e que até seus últimos dias manteve muitos hábitos privados de caráter simples e honrado, mesmo quando as exigências da vida pública o obrigaram a modificar outros. Embora tenha abandonado uma abstinência incomum por respeito a seu pai, temos evidências positivas de que ele retomou em sua velhice as práticas poupadas que, em sua juventude entusiástica, ele havia aprendido com as lições de professores de mente elevada. Esses fatos são certamente suficientes para refutar, de qualquer forma, aquelas acusações grosseiras contra o caráter privado de Sêneca, venenosamente divulgadas por um grego invejoso como Dio Cassius,[17] que não se baseiam em uma única evidência e parecem ter sido mencionados em razão de um mero espírito de inveja e calúnia. Não voltarei a mencionar esses escândalos porque não acredito neles de forma alguma. Um homem que, em sua "História", poderia, como fez Dio Cassius, colocar na boca de um senador romano falsidades tão insanas como as que ele afirmou que o cônsul romano Quinto Fúfio Caleno proferiu em pleno senado contra Cícero estava evidentemente movido por um espírito que desestimula suas declarações para minha credibilidade. Sêneca era um filósofo inconsistente tanto na teoria quanto na prática, sem sombra de dúvida caindo em erros graves que comprometeram profundamente seu caráter. Contudo, longe de ser um homem dissimulado, há todos os motivos para acreditar que, em meio à riqueza e ao esplendor, e a todas as tentações que eles envolvem, ele manteve a simplicidade de seus hábitos e a retidão de sua mente. Qualquer que tenha sido o valor quase fabuloso de suas quinhen-

---

17 Lucius Cassius Dio (c. 165 - c. 235), também conhecido como Dio Cassius, foi um historiador e senador romano que publicou 80 volumes da história da Roma Antiga, começando com a chegada de Eneias à Itália. Os volumes documentaram a subsequente fundação de Roma (753 a.C.), a formação da República (509 a.C.) e a criação do Império (27 a.C.) até 229 d.C., durante o reinado de Severo Alexandre. Escrita em grego antigo ao longo de 22 anos, a obra de Dio abrange aproximadamente mil anos de história. Muitos de seus 80 livros sobreviveram intactos ou como fragmentos, proporcionando aos estudiosos modernos uma perspectiva detalhada da história romana.

tas mesas de cedro e marfim, elas raramente eram servidas com algo mais suntuoso do que água, legumes e frutas. Quaisquer que tenham sido as diversões comuns entre seus contemporâneos ricos e nobres, sabemos que ele encontrava sua maior satisfação nos prazeres inocentes de seu jardim e se exercitava fazendo corridas com um pequeno escravo.

O REINADO DE CLÁUDIO E O BANIMENTO DE SÊNECA

Enquanto os senadores estavam deliberando, os soldados estavam agindo. Eles sentiam um instinto verdadeiro, embora degradado, de que restaurar as antigas formas de liberdade democrática seria tanto impossível quanto inútil, já que para eles a única questão estava entre os rivais que reivindicavam o poder vago. É estranho dizer que, entre esses pretendentes, ninguém parece ter pensado em mencionar o príncipe que se tornou o sucessor de fato.

Naquela época, vivia no palácio um irmão do grande Germânico e, consequentemente, um tio do falecido imperador, cujo nome era Cláudio César. Enfraquecido tanto na mente quanto no corpo pelas contínuas doenças de uma infância órfã, mantido sob a cruel tirania de um escravo bárbaro, o infeliz jovem viveu em uma obscuridade desprezível entre os membros de uma família que tinha total vergonha dele. Sua mãe Antonia o chamava de monstruosidade, que a natureza havia começado, mas nunca terminado, e essas palavras se tornaram uma expressão proverbial para ela, como se diz ter sido o caso da mãe do grande Wellington, dizer de uma pessoa sem graça, "que ele era um tolo maior do que seu filho Cláudio". Sua avó Lívia raramente se dignava a dirigir-se a ele, exceto nos termos mais breves e amargos. Sua irmã Lívia execrava a mera noção de que ele poderia se tornar imperador. Augusto, seu avô por adoção, esforçou-se para mantê-lo o mais longe possível da vista, como um membro desacreditado da família, negou-lhe todas as honras públicas e deixou-lhe um legado muito insignificante. Tibério, ao procurar um sucessor, deliberadamente o ignorou como a um homem de intelecto deficiente. Caio o mantinha alvo de seus tapas e golpes, e para as palhaçadas de seus bobos mais malvados. Se o infeliz Cláudio chegasse tarde para o jantar, encontraria todos os lugares ocupados e ficaria olhando desconsoladamente em meio a sorrisos insultuosos. Se, como era seu costume, caísse no sono após a refeição, era bombardeado com azeitonas e sementes de tâmara, ou meias ásperas eram colocadas sobre suas mãos para que ele pudesse ser visto esfregando o rosto com elas quando acordasse de repente.

Esse era o ser infeliz que foi convocado para suportar em seus ombros o peso do império em queda. Enquanto vasculhava o palácio em busca de pilhagem, um soldado comum avistou um par de pés que se projetava sob as cortinas que sombreavam as laterais de um corredor superior. Agarrando esses pés e perguntando a quem pertenciam ele arrastou para fora um mortal rude e em pânico, que imediatamente se prostrou de joelhos e implorou ardentemente por misericórdia. Era Cláudio, que, assustado com a tragédia que acabara de presenciar, havia tentado se esconder até que a tempestade passasse. "Ora, este é Germânico!"[18] exclamou o soldado, "vamos torná-lo imperador". Meio brincando e meio a sério, eles o ergueram em seus ombros – pois o terror o havia privado do uso das pernas – e o levaram às pressas para o acampamento dos pretorianos. Miserável e ansioso, ele chegou ao campo, objeto de compaixão da multidão de transeuntes, que acreditava que ele estava sendo levado às pressas para a execução. Mas os soldados conheciam bem os próprios interesses, por isso o aceitaram com aclamações, tanto mais que, por um precedente fatal, ele lhes prometeu uma generosidade de mais de 80 libras para cada um. O flexível Agripa (o Herodes do capítulo 26 do Livro de Atos), vendo a situação, ofereceu-se para defender sua causa junto ao Senado e obteve sucesso, em parte por meio de argumentos, em parte por meio de intimidação e em parte por meio de esperanças não irracionais de uma grande melhoria em relação ao reinado anterior.

Embora Cláudio tivesse sido acusado de jogos de azar e embriaguez, não só não lhe foram imputados pecados piores, como ele havia conseguido estabelecer alguma pretensão de ser considerado um homem culto. Se a sorte o tivesse abençoado até a morte com uma posição privada

---

18 O nome completo de Cláudio era Tibério Cláudio César Augusto Germânico.

ele poderia ter sido o Luciano Bonaparte[19] de sua família – um príncipe estudioso, que preferia os encantos da literatura ao tumulto da ambição. As anedotas que foram registradas a seu respeito mostram que ele era um pouco arqueólogo e um pouco filólogo. O grande historiador Lívio, com pena da negligência como o pobre jovem era tratado, incentivou-o no estudo de História, e assim ele escreveu memórias de seu tempo, memórias de Augusto e até uma história das guerras civis desde a batalha de Áccio[20], que era tão correta e tão sincera que sua família a suprimiu indignada como uma nova prova de sua estupidez.

Esse foi o homem que, aos cinquenta anos de idade, tornou-se o mestre do mundo civilizado. Ele apresentava alguns pontos singulares de semelhança com nosso "mais poderoso e temível soberano", o rei Jaime I, da Inglaterra. Ambos eram eruditos e ambos eram eminentemente insensatos, ambos eram autores e ambos eram pedantes, delegavam seus mais altos poderes a favoritos sem valor, e ambos enriqueciam esses favoritos com uma liberalidade tão tola que eles próprios continuavam pobres. Ambos foram aterrorizados com uma covardia constitucional por sua presença involuntária em atos de sangue. Ambos, embora de boa índole natural, foram levados pelo egoísmo a atos de crueldade, e ambos, embora laboriosos no cumprimento do dever, conseguiram apenas tornar a realeza ridícula. O rei Jaime manteve Sir Walter Raleigh na prisão, e Cláudio levou Sêneca ao exílio. O paralelo, até onde eu sei, nunca foi notado, mas é suscetível de ser traçado nos mínimos detalhes.

Um de seus primeiros atos foi retirar suas sobrinhas, Júlia e Agripina, do exílio para o qual seu irmão as havia levado, duas princesas destinadas a exercer uma poderosa influência na vida de nosso filósofo.

---

19 Luciano Bonaparte (1775-1840) foi o príncipe de Canino e de Musignano, tendo recebido os títulos do papa Pio VII.
20 A batalha naval de Áccio (31 a.C.) foi decisiva na última das guerras civis da República Romana. Otávio derrotou Marco Antônio e fundou a monarquia. Após a morte violenta de Júlio César em 44 a.C., eclodiu uma guerra civil entre, de um lado, os assassinos, republicanos como Brutus e Cassius, e, de outro, os cesarianos, liderados por Marco Antônio e Otávio. Marco Antônio, um dos melhores generais de sua época e amado como um deus por seus homens, venceu os últimos republicanos em 42, em Filipos, e começou a reorganizar a metade oriental do Império Romano, ao passo que Otávio aceitou o Oeste (Disponível em: https://www.livius.org/articles/battle/actium--31-bce/. Acesso em: 20 nov. 2023).

Não sabemos qual foi a participação de Sêneca durante os poucos dias conturbados após o assassinato de Caio. Se ele tivesse tomado parte importante – se fosse um daqueles que, como Cássio Quereia, se opuseram à eleição de Cláudio como sendo meramente a substituição de um imbecil por um lunático – ou que, como Sabino, se recusou a sobreviver à ascensão de outro César – talvez tivéssemos ouvido falar disso. Portanto, devemos presumir que ele ainda estava ausente de Roma, no retiro para o qual havia sido levado pelo ciúme de Caio, ou que se contentou em observar calmamente o curso dos acontecimentos. Observe-se que sua biografia não é como a de Cícero, cuja vida conhecemos nos mínimos detalhes, mas que a cortina sobe e desce em cenas isoladas, lançando em súbito brilho ou na mais profunda sombra longos e importantes períodos de sua história. Suas cartas e outros escritos também não estão repletos de alusões políticas e pessoais que os transformam em uma autobiografia. Elas são, sem exceção, ocupadas exclusivamente com questões filosóficas, ou então se referem apenas a reminiscências pessoais que podem ser melhor convertidas em texto para algum paradoxo estoico ou declamação moral. No entanto, é certo nessa sequência que Sêneca deve ter aproveitado a oportunidade da morte de Caio para sair de sua obscuridade política e ocupar uma posição brilhante na corte imperial.

Teria sido bom para sua felicidade e fama se ele tivesse adotado o curso mais sábio e viril de agir de acordo com as doutrinas que professava. Uma corte na maioria dos períodos é, como diz o poeta: "Um círculo dourado, mas fatal. Sobre cujas saias mágicas mil demônios. Em formas de cristal, tentam a inocência. E acenam para a Virtude precoce de seu centro".

Mas a corte de um Caio, de um Cláudio ou de um Nero era de fato um lugar onde poucos sábios conseguiam se firmar, e menos ainda os bons. E tudo o que Sêneca ganhou com sua carreira de ambição foi ser suspeito pelo primeiro desses imperadores, banido pelo segundo e assassinado pelo terceiro.

Os primeiros atos de Cláudio mostraram uma disposição sensível e gentil, mas logo se tornou fatalmente óbvio que os poderes reais do governo seriam exercidos não pelo imperador tímido e distraído, mas por qualquer um que pudesse adquirir uma ascendência sobre sua disposição bem-intencionada, mas fraca. Ora, os amigos e confidentes de Cláudio haviam sido escolhidos há muito tempo entre os seus libertos. Assim como sob Luís XI e Dom Miguel os barbeiros desses monarcas eram os verdadeiros governantes, Cláudio era apenas o ministro, e não o mestre de Narciso, seu secretário particular, de Políbio, seu conselheiro literário, e de Pallas, seu contador. Uma terceira pessoa, cujo nome as Escrituras nos tornaram familiares, era um liberto de Cláudio chamado Félix, irmão de Pallas, e aquele procurador que, apesar de ter sido marido ou amante de três rainhas, tremia diante da simples eloquência de um judeu fraco e aprisionado [refere-se ao apóstolo Paulo]. Esses homens tornaram-se conhecidos por sua insolência e riqueza. Certa vez, quando Cláudio estava reclamando de sua pobreza, alguém respondeu espirituosamente: "que ele teria abundância se dois de seus libertos o admitissem como sócio deles".

Mas esses homens ganharam mais poder com o semblante e as intrigas da jovem e bela esposa de Cláudio, Valéria Messalina. Em seu casamento, como em tudo o mais, Cláudio foi preeminente no infortúnio. Ele viveu em uma época em que o sinal mais assustador de depravação era o fato de que suas mulheres eram, se possível, um pouco piores do que seus homens. Foi a infelicidade de Cláudio que provou sua ruína, ter se unido em casamento com a pior de todas. Princesas como Berenice, Drusila, Salomé e Herodias, dos historiadores sagrados, eram um espetáculo familiar nessa época, mas nenhuma delas era tão perversa quanto, pelo menos, duas das esposas de Cláudio. Ele foi noivo ou casado nada menos que cinco vezes. A primeira dama destinada a ser sua noiva foi repudiada porque os pais dela haviam ofendido Augusto. A seguinte morreu no mesmo dia em que estava prevista a nupcialidade. Com sua primeira esposa, Urgulânia, com quem se casou no início da juventude, ele teve dois filhos, Druso e Cláudia. Druso foi acidentalmente sufocado na infância ao tentar engolir uma pera que havia sido jogada para o alto. Logo após o nascimento de Cláudia, ao descobrir a infidelidade de Urgulânia, Cláudio se divorciou dela e ordenou que a criança fosse despida e exposta à morte. Sua segunda esposa, Aelia Petina, parece ter sido uma pessoa inadequada, e ele também se divorciou dela. Sua terceira e quarta esposas viveram para ganhar uma infâmia colossal: Valéria Messalina por seu caráter desavergonhado, e Agripina, a mais jovem, por sua ambição inescrupulosa.

Messalina, quando se casou, mal podia ter quinze anos de idade, mas logo assumiu uma posição dominante e a garantiu por meio da mais descarada maldade.

No entanto, seu reinado não foi tão tranquilo a ponto de não ter os próprios ciúmes e apreensões, principalmente provocados por Júlia e Agripina, as duas sobrinhas do imperador. Elas eram, assim como ela, mulheres bonitas, brilhantes e maldosas, prontas para criar seus círculos e disputar, tanto quanto ousassem, a supremacia de uma rival ousada, mas imprudente. Elas também usavam suas artes, suas riquezas, suas posições, suas influências políticas, seus fascínios pessoais, tudo isso para garantir para si mesmas um grupo de adeptos, prontos, quando chegasse o momento adequado, para qualquer conspiração. É improvável que, mesmo na primeira onda do estranho e inesperado triunfo de seu marido, Messalina tenha contemplado com satisfação seu retorno do exílio. A esse respeito, é provável que o imperador tenha conseguido resistir aos desejos expressos por ela, de modo que a mera aparição das duas filhas de Germânico em sua presença foi uma testemunha permanente das limitações às quais sua influência estava sujeita.

Nesse período, como é comum entre os povos degradados, a história dos romanos degenera em meras anedotas de seus governantes. Felizmente, porém, não é nosso dever entrar na escandalosa crônica de tramas e contratramas, tampouco toleráveis de se contemplar quanto as facções da corte da França nos piores períodos de sua história. Podemos apenas perguntar que papel um filósofo poderia desempenhar em uma corte como essa? Só podemos dizer que sua posição ali não é digna do crédito de suas profissões filosóficas, e que podemos contemplar sua presença ali com tão pouca satisfação quanto olhamos para a figura do bispo mundano e frívolo no quadro de William Powell Frith, intitulado "O último domingo de Carlos II em Whitehall".

Tais inconsistências envolvem sua retribuição não apenas na perda de influência e fama, mas também em consequências diretas. Foi assim com Sêneca. As circunstâncias – possivelmente uma detestação genuína da infâmia excepcional de Messalina – parecem tê-lo jogado entre os partidários de seus rivais. Messalina estava apenas esperando sua oportunidade para dar um golpe. Júlia, possivelmente por ser a mais jovem e a menos poderosa das duas irmãs, foi marcada como a primeira vítima, e a oportunidade parecia favorável para envolver Sêneca em sua ruína. Sua enorme riqueza, sua alta reputação e suas esplêndidas habilidades o tornaram um oponente formidável para a imperatriz e um valioso aliado para seus rivais. Ela estava determinada a se livrar de ambos em um único esquema. Júlia foi acusada de intriga com Sêneca e, primeiro, foi levada ao exílio e, depois, à morte. Sêneca foi banido para as costas áridas e pestilentas da ilha de Córsega.

Sêneca, como um dos homens mais esclarecidos de sua época, deveria ter buscado um caráter que estivesse acima da possibilidade de suspeita, mas devemos lembrar que acusações como as que foram feitas contra ele eram as mais fáceis de serem produzidas e as mais impossíveis de serem refutadas. Quando consideramos quem eram os acusadores de Sêneca, não somos forçados a acreditar em sua culpa, uma vez que seu caráter era, de fato, deploravelmente fraco, e a frouxidão da época em tais assuntos era terrivelmente desmoralizante. Mas havia circunstâncias suficientes a seu favor para nos justificar a dar um veredicto de "inocente". A menos que atribuamos uma importância injusta à amarga calúnia de seus inimigos declarados, podemos considerar que o teor geral de sua vida tem peso suficiente para inocentá-lo de uma acusação sem fundamento.

Sobre Júlia, Suetônio diz expressamente que o crime do qual ela foi acusada era incerto e que ela foi condenada sem ser ouvida. Sêneca, por outro lado, foi julgado no Senado e considerado culpado. Ele nos conta que não foi Cláudio que o jogou no chão, mas que, quando ele estava caindo de cabeça, o imperador o amparou com a moderação de sua mão divina. "Ele suplicou ao Senado em meu favor; ele não apenas me deu a vida, mas até a implorou por mim. Deixe que ele considere", acrescenta

Sêneca, com a mais doce lisonja, "sob que luz ele deseja que minha causa seja considerada; ou sua justiça encontrará, ou sua misericórdia fará dela uma boa causa. Ele será igualmente digno de minha gratidão, quer sua convicção final de minha inocência seja em função de seu conhecimento ou de sua vontade".

Essa passagem nos permite conjecturar como as coisas estavam. A avareza de Messalina era tão insaciável que o não confisco da imensa riqueza de Sêneca é uma prova de que, por alguma razão, seu medo ou ódio por ele não era implacável. Embora seja um fato notável que ela seja pouco mencionada, e nunca abusada nos escritos de Sêneca, ainda assim não pode haver dúvida de que a acusação foi levada por sua instigação aos senadores, e que depois de uma discussão muito pequena, ou nenhuma, Cláudio estava, ou fingiu estar, convencido da culpabilidade de Sêneca, e que os senadores, com seu habitual servilismo abjeto, imediatamente o consideraram culpado de alta traição e o condenaram à morte e ao confisco de seus bens. Cláudio, talvez por seu respeito pela literatura, talvez por intercessão de Agripina ou de algum poderoso liberto, revogou parte de sua sentença, assim como o rei Jaime I revogou todas as partes mais severas da sentença proferida contra Francis Bacon.

Nem a crença de Cláudio nem a condenação do Senado fornecem a menor prova válida contra Sêneca. Nessa época, o Senado era tão baixo e tão cheio de terror que, em uma ocasião, uma simples palavra de acusação do liberto de um imperador foi suficiente para fazê-los cair sobre um de seus membros e apunhalá-lo até a morte no local. Quanto ao pobre Cláudio, sua administração da justiça, por mais paciente e laboriosa que fosse, já havia se tornado uma piada pública. Em uma ocasião ele escreveu e proferiu a sábia decisão, "que concordava com o lado que havia apresentado a verdade". Em outra ocasião, um grego comum, cujo processo foi apresentado a ele, ficou tão impaciente com sua estupidez que exclamou em voz alta: "Você é um velho tolo". Não temos informações de que o grego tenha sido punido. Os costumes romanos permitiam uma boa dose de brincadeiras e personalidade grosseira. Conta-se que em certa ocasião até o furioso e sanguinário Calígula, ao ver um provinciano sorrindo, chamou-o e perguntou do que ele estava rindo. "De você", disse o homem, "você parece um idiota". O tirano sombrio ficou tão impressionado com o humor da situação que não deu mais atenção ao fato. Um cavaleiro romano, contra o qual havia sido feita uma acusação infame, ao ver Cláudio ouvindo as provas mais desprezíveis e inúteis contra ele o insultou indignadamente por sua cruel estupidez e atirou sua caneta e suas tábuas em seu rosto com tanta violência que cortou sua bochecha. De fato, a singular ausência de espírito do imperador deu origem a inúmeras anedotas. Entre outras coisas, quando alguns criminosos condenados foram lutar como gladiadores e se dirigiram a ele antes dos jogos com a fórmula sublime: "Ave, Imperator, morituri te salutamus!" ("Ave, César! Condenados a morrer, nós te saudamos!"), ele deu a resposta singularmente inadequada: "Avete vos!" ("Ave vós também!"), que eles interpretaram como um sinal de perdão e não estavam dispostos a lutar até que fossem de fato forçados a fazê-lo pelos gestos do imperador.

A decisão de juízes como Cláudio e seu Senado vale muito pouco na questão da inocência ou culpa de um homem, mas a sentença foi que Sêneca deveria ser banido para a ilha de Córsega.

SÊNECA NO EXÍLIO

Assim, em 41 d.C., no auge da vida e no pleno vigor de suas faculdades, com o nome manchado por uma acusação da qual talvez fosse inocente, mas da qual foi condenado como culpado, Sêneca despediu-se de sua nobre mãe, de sua tia amorosa, de seus irmãos, o amado Gálio e o literato Mela, de seu sobrinho, o jovem Lucano, ardente e promissor, e, acima de tudo – o que lhe custou a maior dor – de Marcus, seu doce e tagarela filho. Foi uma calamidade que poderia ter abalado a fortaleza da alma mais nobre, e de modo algum o atingiu sozinho. Ele já havia perdido a esposa, sofria de doenças agudas e crônicas e, há apenas três semanas, havia perdido outro filho pequeno. O ciúme de um imperador o havia afastado de uma carreira de esplêndido sucesso, e dessa vez, pela subserviência imbecil de outro, ele estava afastado de tudo o que lhe era mais importante.

Dificilmente somos capazes de conceber a intensidade da angústia que um romano antigo geralmente considerava a ideia do banimento. No longo e melancólico lamento da *Tristia*, de Ovídio, ou nas queixas amargas e desoladoras das *Epístolas*, de Cícero, podemos ver algo daquela intensa absorção na vida de Roma que, para a maioria de seus cidadãos eminentes, tornava a separação permanente da cidade e de seus interesses um pensamento quase tão terrível quanto a própria morte. Mesmo o estoico e heroico Trásea confessou abertamente que preferia a morte ao exílio. Para um coração tão afetuoso, para uma disposição tão social, para uma mente tão ativa e ambiciosa como a de Sêneca deve ter sido duplamente amargo trocar a felicidade de seu círculo familiar, o esplendor de uma corte imperial, os luxos de uma enorme riqueza, a sociedade refinada dos estadistas e o convívio enobrecedor dos filósofos pelos desertos selvagens de uma ilha rochosa e pela sociedade de ilhéus analfabetos e rudes ou, na melhor das hipóteses, de alguns outros exilados políticos, todos tão miseráveis quanto ele e alguns dos quais provavelmente mereciam seu destino.

Os rochedos mediterrâneos escolhidos para os exilados políticos – Gyaros, Seriphos, Scyathos, Patmos, Pontia, Pandataria – eram, em geral, lugares rochosos, estéreis e febris, escolhidos intencionalmente como os locais mais miseráveis que se poderia imaginar para a manutenção da vida humana. No entanto, essas ilhas estavam repletas de exilados, e nelas se encontravam não poucas princesas de origem cesariana. Não devemos traçar um paralelo entre a posição delas e a de Eleanor, esposa do duque Humphrey, imersa no Castelo de Peel, na Ilha de Man, ou de Mary Stuart, na Ilha de Loch Levin – pois era algo incomparavelmente pior. Nenhum cuidado era tomado sequer para prover suas necessidades reais. Suas vidas não estavam seguras. Agripa Póstumo e Nero, os irmãos do imperador Calígula, haviam sido tão reduzidos pela fome que os dois jovens miseráveis foram obrigados a sustentar a vida comendo os materiais com os quais suas camas eram recheadas. Certa vez, o imperador Caio perguntou a um exilado, que ele havia chamado de volta do exílio, de que maneira ele estava acostumado a empregar seu tempo na ilha. "Eu costumava", disse o bajulador, "rezar para que Tibério morresse e que você fosse bem-sucedido". Caio imediatamente pensou que os exilados que ele havia banido poderiam ser empregados de forma semelhante e, portanto, enviou centuriões ao redor das ilhas para matá-los. Essas eram as circunstâncias miseráveis que poderiam estar reservadas para um fora da lei político.

A Córsega foi a ilha escolhida para seu local de exílio, e dificilmente poderia ter sido escolhido um lugar menos convidativo. Era uma ilha "desgrenhada e selvagem", cortada de norte a sul por uma cadeia de montanhas selvagens e inacessíveis, cobertas até o topo por florestas sombrias e impenetráveis de pinheiros e abetos. Seus habitantes indomáveis são descritos pelo geógrafo Estrabão como sendo "mais selvagens do que os animais selvagens". Produzia pouco milho e quase nenhuma árvore frutífera. Abundava, de fato, em enxames de abelhas selvagens, mas seu mel era amargo e intragável por estar infectado com o sabor acre das flores de buxo das quais se alimentavam. Não havia ouro nem prata ali, bem como não produzia nada que valesse a pena ser exportado, e mal dava para as meras necessidades de seus habitantes. Não se alegrava com nenhum grande rio navegável, e mesmo as árvores, nas quais abundava, não eram belas nem frutíferas. Sêneca a descreve, em mais de um de seus epigramas, como uma "Ilha terrível, quando o primeiro verão brilha. Mais feroz ainda quando sua face mostra a estrela-cão", e novamente como uma "Terra bárbara, cercada por rochas escarpadas, cujos penhascos horrendos são coroados de desertos ociosos. Nenhum fruto de outono, nenhuma terra produz no verão, tampouco azeitonas alegram os campos ensombrados pelo inverno. Nem a primavera alegre sua tenra folhagem empresta, tampouco a erva genial, que o solo sem sorte faz amizade. Nem pão, nem fogo sagrado, tampouco ondas refrescantes. Nada aqui – a não ser o exílio e o túmulo do exílio!".

Em tal lugar, e sob tais condições, Sêneca teve ampla necessidade de toda a sua filosofia. E, a princípio, ela não lhe faltou. Perto do final de seu primeiro ano de exílio ele escreveu a *Consolação a minha mãe Hélvia*, que é uma das mais nobres e encantadoras de todas as suas obras.

Ele disse que muitas vezes pensou em escrever para consolá-la durante essa provação profunda e totalmente inesperada, mas até então se absteve de fazê-lo para que enquanto sua angústia e a dela estivessem frescas ele não renovasse a dor da ferida por meio de seu tratamento inábil. Ele esperou, portanto, até que o tempo tivesse colocado sua mão curadora sobre as tristezas dela, especialmente porque não encontrou nenhum precedente para alguém em sua posição consolar os outros quando ele próprio parecia mais necessitado de consolo, e porque algo novo e admirável seria exigido de um homem que, por assim dizer, levantasse a cabeça da pira funerária para consolar seus amigos. Ainda assim, ele passou a se sentir impelido a escrever para ela, porque aliviar os pesares dela será deixar de lado os próprios. Ele não tentou esconder dela a magnitude do infortúnio, porque, longe de ser uma mera novata na tristeza, ela a experimentou desde a mais tenra idade em todas as suas variedades, e também porque seu objetivo era vencer sua dor, e não atenuar suas causas. Essas muitas misérias teriam sido, de fato, em vão se não a tivessem ensinado a suportar a infelicidade. Portanto, ele lhe provou que ela não tinha motivo para se entristecer nem por causa dele nem por causa dela. Não por causa dele – porque ele era feliz em circunstâncias que outros considerariam miseráveis e porque ele garantiu a ela, com seus lábios, que não apenas ele não era miserável, mas também que nunca seria. Todos podiam garantir sua felicidade se aprendessem a buscá-la não em circunstâncias externas, mas em si mesmos. Ele não pôde, de fato, reivindicar para si o título de sábio, pois, se assim fosse, seria o mais afortunado dos homens e estaria próximo do próprio Deus. Mas a segunda melhor coisa é que ele se dedicou ao estudo de homens sábios, e com eles aprendeu a não esperar nada e a estar preparado para todas as coisas. As bênçãos que a sorte lhe havia concedido até então – riqueza, honras, glória – ele as havia colocado em uma posição tal que ela poderia roubá-las sem o perturbar. Havia um grande espaço entre eles e ele, de modo que podiam ser tomados, mas não arrancados. Sem se deslumbrar com o brilho da prosperidade, ele não se abalou com o golpe da adversidade. Em circunstâncias que eram a inveja de todos os homens ele nunca viu nenhuma bênção real ou sólida, mas sim um vazio pintado, uma decepção dourada e, da mesma forma, ele não encontrou nada realmente difícil ou terrível nos males que a voz comum descreveu.

O que era, por exemplo, o exílio? Era apenas uma mudança de lugar, uma ausência da terra natal. Se você olhasse para as multidões que se aglomeravam na própria Roma, veria que a maioria delas estava praticamente em um exílio satisfeito e voluntário, atraída para lá pela necessidade, pela ambição ou pela busca das melhores oportunidades de vício. Não há ilha tão miserável e tão desolada que não tenha atraído alguns visitantes voluntários, mesmo essa rocha íngreme e nua da Córsega, o local mais faminto, rude, selvagem e insalubre que se possa imaginar, tinha mais estrangeiros do que habitantes nativos. A inquietação e a mobilidade naturais da mente humana, que surgiram de sua origem etérea, levaram os homens a mudar de lugar para lugar. As colônias de diferentes nações, espalhadas por todo o mundo civilizado e não civilizado, mesmo nos lugares mais frios e pouco convidativos, demostravam que a condição do lugar não era um ingrediente necessário para a felicidade humana. Até mesmo a Córsega mudou de dono muitas vezes. Os gregos de Marselha viveram lá primeiro, depois os ligurianos[21] e os espanhóis, depois alguns colonos romanos, que a aridez e os espinhos da rocha não conseguiram afastar.

"Varro achava que a natureza, Brutus que a consciência da virtude, eram consolos suficientes para qualquer exilado. Quão pouco perdi em comparação aos dois bens mais belos que desfrutarei em qualquer lugar: a natureza e minha integridade! Quem ou o que quer que tenha feito o mundo – seja uma divindade, ou uma razão desencarnada, ou um espírito divino que interfira, ou o destino, ou uma série imutável de causas conectadas – o resultado foi que nada, exceto nossas posses mais insignificantes, deveria depender da vontade de outra pessoa. As melhores dádivas do homem estão além de seu poder de dar ou tirar. Este Universo, a maior e mais bela obra da natureza, e o intelecto que foi criado para observá-lo e admirá-lo, são nossas posses especiais e eternas, que durarão enquanto nós durarmos. Portanto, alegres e eretos, vamos nos apressar com passos destemidos para onde quer que nossa sorte nos leve".

"Não há terra onde o homem não possa morar, nenhuma terra onde ele não possa erguer os olhos para o céu; onde quer que estejamos, a distância entre o divino e o humano permanece a mesma. Portanto, en-

---

21 Habitante da Ligúria, região ao norte da Itália.

quanto meus olhos não forem roubados daquele espetáculo com o qual não podem se saciar, enquanto eu puder olhar para o Sol e a Lua, e fixar meu olhar prolongado nas outras constelações, e considerar o nascer, o pôr do sol e os espaços entre eles e as causas de sua menor e maior velocidade, enquanto puder contemplar a multidão de estrelas brilhando no céu, algumas paradas, outras girando, algumas brilhando repentinamente, outras deslumbrando o olhar com uma torrente de fogo como se estivessem caindo, e outras deixando seus rastros de luz por um longo espaço; enquanto eu estiver no meio de tais fenômenos e me misturar, tanto quanto um homem pode, com as coisas celestiais, enquanto minha alma estiver sempre ocupada em contemplações tão sublimes como essas, o que importa o terreno que eu pise?".

"O mais humilde chalé, se for apenas o lar da virtude, pode ser mais belo do que todos os templos; não há lugar estreito que possa conter a multidão de virtudes gloriosas; não há exílio severo para o qual se possa ir com tanta confiança. Quando Brutus deixou Marcellus em Mitilene, parecia que ele mesmo estava indo para o exílio, porque deixou aquele ilustre exílio para trás. César não quis desembarcar em Mileto, porque corou ao vê-lo. Portanto, Marcellus, embora estivesse vivendo no exílio e na pobreza, estava vivendo uma vida muito feliz e nobre.

"Uma hora de autoaprovação supera mundos inteiros. De olhares estúpidos e de aplausos ruidosos. E mais alegria verdadeira sente Marcelo exilado, do que César com um senado em seus calcanhares".

"E quanto à pobreza, todo aquele que não é corrompido pela loucura da avareza e do luxo sabe que ela não é um mal. Quão pouco o homem precisa, e quão facilmente ele pode conseguir isso! Quanto a mim, considero que não perdi a riqueza, mas o trabalho de cuidar dela. As necessidades corporais são poucas: calor e comida, nada mais. Que os deuses e deusas confundam essa gula que varre o céu, o mar e a terra em busca de pássaros, animais e peixes; que come para vomitar e vomita para comer, e caça o mundo inteiro por aquilo que, afinal, não consegue nem digerir! Eles poderiam satisfazer sua fome com pouco, mas a excitam com muito. Que mal a pobreza pode infligir a um homem que despreza tais excessos? Observe a pobreza heroica e divina de nossos ancestrais e compare a glória simples de um Camilo[22] com a infâmia duradoura de um Apício[23] luxuoso! Até o exílio produzirá o suficiente para as necessidades, mas nem mesmo os reinos são suficientes para os supérfluos. É a alma que nos torna ricos ou pobres, e a alma nos segue no exílio, e encontra e desfruta de suas bênçãos mesmo nas solidões mais áridas".

"A filosofia não é necessária para que possamos desprezar a pobreza. Veja os pobres: eles não são obviamente mais felizes do que os ricos? E os tempos mudaram tanto que o que hoje consideramos a pobreza de um exilado teria sido considerado o patrimônio de um príncipe. Protegida por precedentes como os de Homero, Zenão, Menênio Agripa, Regulus e Cipião, a pobreza se torna não apenas segura, mas até mesmo estimável".

"E se você fizer a objeção de que os males que me assolam não são apenas o exílio, ou apenas a pobreza, mas também a desgraça, eu respondo que a alma que é dura o suficiente para resistir a um ferimento é invulnerável a todos. Se tivermos vencido totalmente o medo da morte nada mais poderá nos intimidar. O que é a desgraça para aquele que está acima da opinião da multidão? O que foi até uma morte de desgraça para Sócrates, que ao entrar em uma prisão fez que ela deixasse de ser vergonhosa?".

"Catão foi derrotado duas vezes em sua candidatura à magistratura política. Bem, essa foi a desgraça dessas honras, e não de Catão. Ninguém pode ser desprezado por outro até que tenha aprendido a desprezar a si mesmo. O homem que aprendeu a triunfar sobre a tristeza usa suas misérias como se fossem filetes sagrados em sua testa, e nada é tão admirável quanto um homem corajosamente miserável. Tais homens infligem desgraça sobre a própria desgraça. Alguns, de fato, dizem que a morte é preferível ao desprezo; a esses eu respondo que aquele que é grande quando cai é grande em sua prostração, e não é mais objeto de desprezo do que quando os homens pisam nas ruínas de edifícios sagrados, que os homens de piedade veneram não menos do que se estivessem de pé".

---

22 Refere-se a Marco Fúrio Camilo (446 a.C.-365 a.C.), político da gente Fúria nos primeiros anos da República romana que foi eleito tribuno consular por seis vezes, bem como foi nomeado ditador por cinco vezes.
23 Refere-se a Marco Gávio Apício (25 a.C.-62 a.C.), gastrônomo romano do século I suposto escritor do livro *De re coquinaria*, considerado a melhor fonte para conhecer a gastronomia do mundo romano.

"Portanto, em meu nome, querida mãe, você não tem motivo para chorar sem parar, nem por si mesma. Você não pode se entristecer por mim por motivos egoístas, em consequência de qualquer perda pessoal para si mesma; pois você sempre foi eminentemente altruísta e diferente das outras mulheres em todas as suas relações com seus filhos, e sempre foi uma ajuda e uma benfeitora para eles, e não eles para você. Tampouco deveria ceder por arrependimento e saudade de mim em minha ausência. Já nos separamos muitas vezes e, embora seja natural que você sinta falta daquela conversa deliciosa, daquela confiança irrestrita, daquela simpatia de coração e intelecto, que sempre existiu entre nós, e daquela alegria de menino que suas visitas sempre me afetaram, ainda assim, como você se eleva acima do rebanho comum de mulheres em virtude, simplicidade e pureza de sua vida, deve se abster das lágrimas femininas, como fez com todas as loucuras femininas. Considere como Cornélia, que havia perdido dez filhos por morte, em vez de chorar por seus filhos mortos ela agradeceu à Providência por ter feito seus filhos Gracchi. Rutilia seguiu seu filho Cotta para o exílio, de tanto que o amava, mas ninguém a viu derramar uma lágrima após seu enterro. Ela demonstrou seu afeto quando era necessário, mas conteve sua tristeza quando era supérfluo. Imitem o exemplo dessas grandes mulheres, assim como imitaram suas virtudes. Não quero que você engane sua tristeza com diversões ou ocupações, mas que a vença. Pois agora você pode voltar aos estudos filosóficos nos quais já se mostrou tão hábil, e que antes eram controlados por meu pai. Eles o sustentarão e confortarão gradualmente em seu momento de tristeza".

"Enquanto isso, considere quantas fontes de consolo já existem para você. Meus irmãos ainda estão com você; a dignidade de Gálio, o lazer de Mela, a protegerá; a alegria sempre cintilante de meu querido Marcus a alegrará; o treinamento de minha pequena favorita Novatilla será um dever que aliviará sua tristeza. Para o bem de seu pai, também, embora ele esteja ausente, você deve moderar suas lamentações. Acima de tudo, sua irmã – aquela senhora verdadeiramente fiel, amorosa e de alma elevada, a quem tenho uma dívida tão profunda de afeto por sua bondade para comigo desde o berço até agora – lhe dará a mais carinhosa simpatia e o mais verdadeiro consolo".

"Mas como sei que, no final das contas, seus pensamentos se voltarão constantemente para mim e que nenhum de seus filhos estará mais frequentemente em sua mente do que eu – não porque eles sejam menos queridos do que eu, mas porque é natural colocar a mão com mais frequência sobre o ponto que dói –, vou lhe dizer como deve pensar em mim. Pense em mim como se eu estivesse feliz e alegre, como se estivesse em meio a bênçãos; como de fato estou, enquanto minha mente, livre de todos os cuidados, tem tempo livre para as próprias atividades, e às vezes se diverte com estudos mais leves, às vezes ávida pela verdade se eleva à contemplação de sua natureza e da natureza do Universo. Em primeiro lugar, ele indaga sobre as terras e sua situação; depois, sobre a condição do mar circundante, seus fluxos e refluxos; em seguida, estuda cuidadosamente todo esse espaço entre o céu e a Terra, cheio de terror, tumultuado por trovões e relâmpagos, rajadas de vento, chuvas torrenciais, neve e granizo. Então, tendo vagado por todas as regiões inferiores, ele se eleva até as coisas mais elevadas e se deleita com o mais adorável espetáculo do que é divino e, consciente da própria eternidade, passa por tudo o que foi e tudo o que será ao longo de todas as eras".

Esse é o esboço mais breve, e sem nada daquela graça de linguagem com a qual Sêneca investiu o pequeno tratado que muitos consideram ser um dos mais encantadores dos trabalhos desse filósofo. Ele apresenta a imagem do mais grandioso de todos os espetáculos.

"Um homem bom lutando contra as tempestades do destino".

Até aqui, havia algo verdadeiramente estoico no aspecto do exílio de Sêneca. Mas será que essa exemplar atitude foi mantida de forma consistente? Será que sua pequena jangada de filosofia afundou sob ele, ou ela o carregou com segurança sobre as ondas tempestuosas desse grande mar de adversidade?

A INFLUÊNCIA DA FILOSOFIA DE SÊNECA

Há alguns infortúnios cuja própria essência consiste em sua continuidade. Eles são toleráveis desde que sejam iluminados por um raio de esperança. A reclusão e as dificuldades podem até ter, a princípio, um certo charme de novidade para um filósofo que, como não era raro entre os pensadores amadores de sua época, ocasionalmente as praticava em meio à riqueza e aos amigos. Mas à medida que os anos sem esperança passavam, à medida que os esforços dos amigos se mostravam infrutíferos, à medida que o filho, marido e pai amoroso se sentia afastado da sociedade daqueles a quem nutria tão terna afeição, à medida que a ilha sombria lhe parecia cada vez mais bárbara e mais estéril, com as estações do ano aumentando seus horrores sem revelar uma única compensação, Sêneca ficava cada vez mais desconsolado e deprimido. Parecia que seu destino miserável era enferrujar, inútil, sem amigos e esquecido. Formado para fascinar a sociedade, não havia ninguém para ele fascinar. Dotado de uma eloquência que poderia manter os senadores ouvintes calados, em seu exílio ele não encontrava nem assunto nem público, e assim sua vida começou a se assemelhar a um rio que, muito antes de chegar ao mar, perde-se em pântanos sombrios e areias sufocantes.

Assim como o brilhante Ovídio, quando foi banido para as selvas geladas de Tômis, Sêneca descarregou sua angústia em lamentos e versos amargos. Em seu punhado de epigramas ele não encontra nada muito severo para o lugar de seu exílio. Ele clama: "Poupe seus exilados, despreze seus mortos. Vivos, ainda enterrados, espalhem seu pó". E dirigindo-se a algum inimigo maligno, diz: "Quem quer que você seja, seu nome devo repetir? Que sobre minhas cinzas ousa pressionar seus pés. E, inconformado com uma queda tão terrível, desenha armas manchadas de sangue em minha cabeça escura. Cuidado, pois a natureza, piedosa, guarda o túmulo, e os fantasmas vingam os invasores de sua escuridão. Ouça, inveja, ouça os deuses proclamarem uma verdade, que meu fantasma estridente repete para comover sua verdade. Os bruxos são coisas sagradas, suas mãos se abstêm, e as mãos sacrílegas de tombos se abstenham".

O fato que mais parece tê-lo assombrado foi que sua residência na Córsega era uma morte em vida.

Mas o quadro mais completo de seu estado de espírito e o memorial mais melancólico de sua inconsistência como filósofo podem ser encontrados em sua terceira carta estoica intitulada *Consolação a Políbio*. Políbio era um daqueles libertos do imperador cuja riqueza e insolência servil eram os fenômenos mais sombrios e estranhos da época. Cláudio, mais do que qualquer outro de sua classe, por causa da imbecilidade peculiar de seu caráter, estava sob a poderosa influência dessa classe de homens. Tão perigoso era o poder deles que a própria Messalina foi forçada a conquistar sua ascendência sobre a mente do marido fazendo desses homens seus apoiadores e cultivando seu favor. Tais eram "o excelentíssimo Félix", o juiz de São Paulo, e o escravo que se tornou marido de três rainhas, Narciso, em cuja casa (o que provocou a inveja do imperador) estavam alguns dos cristãos a quem São Paulo envia saudações dos cristãos de Roma. Paulo envia saudações dos cristãos de Corinto, Pallas, que nunca se dignou a falar com seus escravos, mas dava todas as suas ordens por meio de sinais, e que de fato condescendeu em receber os agradecimentos do Senado, porque ele, descendente de reis etruscos, ainda assim condescendeu em servir ao imperador e à comunidade, um elogio absurdo e ultrajante, que parece ter sido exclusivamente em razão de seu nome ser idêntico ao do jovem herói de Virgílio, filho do mítico Evandro!

Entre essa equipe indigna, um certo Políbio não era o menos notável. Ele era o diretor dos estudos do imperador – um Alcuíno[24] digno de um Carlos Magno como esse. Tudo o que sabemos a seu respeito é que ele já foi o favorito de Messalina, e depois sua vítima, bem como que no dia de sua eminência o favor do imperador o colocou em uma posição tão elevada que ele era frequentemente visto caminhando entre os dois cônsules. Esse era o homem a quem, por ocasião da morte de seu irmão, Sêneca dirigiu esse tratado de consolação. Ele chegou até nós como um fragmento, e teria sido bom para a fama de Sêneca se ele não tivesse chegado até nós. Aqueles que são entusiastas de sua reputação provariam de bom grado que ele é espúrio, mas acreditamos que nenhum leitor sincero pode estudá-lo sem perceber sua genuinidade. É muito improvável que ele tenha

---

24 Refere-se a Alcuíno de York (735-804 d.C.), monge e professor de Carlos Magno que teve a intenção de criar uma nova Atenas, mais esplêndida do que a antiga e orientada pelos ensinamentos de Cristo, com vistas a superar a Academia.

tido a intenção de publicá-lo, e quem quer que tenha permitido que ele visse a luz foi o inimigo bem-sucedido de seu ilustre autor.

Seu tom triste confirma a inferência, tirada de uma alusão que ele contém, de que foi escrito no final do terceiro ano do exílio de Sêneca. Ele se desculpa por seu estilo dizendo que, se houvesse qualquer fraqueza de pensamento ou deselegância de expressão, isso era apenas o que se poderia esperar de um homem que há tanto tempo estava cercado pela linguagem grosseira e ofensiva dos bárbaros. Não precisamos segui-lo nos tópicos comuns de filosofia moral dos quais ele está repleto, ou expor a inconsistência de seu tom com o dos outros escritos de Sêneca. Ele consola o liberto com os "lugares-comuns" de que a morte é inevitável; que o luto é inútil; que todos nós nascemos para a tristeza; que os mortos não desejariam que fôssemos infelizes por causa deles. Ele o lembra de que por causa de sua posição ilustre todos os olhos estão voltados para ele. Ele o convida a encontrar consolo nos estudos nos quais sempre se mostrou tão proeminente e, por fim, o remete àqueles exemplos brilhantes de fortaleza magnânima, para o clímax dos quais, sem dúvida, toda a peça de lisonja interessada foi composta. Pois essa passagem, escrita em um estilo crescente, culmina, como era de se esperar, no espetáculo sublime de Cláudio César. Longe de se ressentir de seu exílio, ele rasteja na poeira para beijar os pés benéficos de César por tê-lo salvo da morte; longe de afirmar sua inocência – o que, talvez, fosse impossível, já que isso poderia envolvê-lo em uma nova acusação de traição – ele fala com toda a culpa. Ele elogia a clemência de um homem que, como ele nos diz em outro lugar, costumava matar pessoas com tanto sangue frio quanto um cachorro come miudezas. Os prodigiosos poderes de memória de uma criatura divina que costumava convidar pessoas para jogar dados e jantar que ele havia executado no dia anterior, e que até perguntava a causa da ausência de sua esposa alguns dias depois de ter dado a ordem para sua execução. A extraordinária eloquência de um gago indistinto, cuja cabeça balançava e cujos lábios largos pareciam estar se contorcendo sempre que ele falava. Se Políbio se sentir triste, que volte seus olhos para César, pois o esplendor dessa divindade grandiosa e radiante deslumbrará seus olhos de tal forma que todas as lágrimas se secarão no olhar de admiração. Que a brilhante estrela ocidental que brilhou em um mundo que, antes de seu surgimento, estava mergulhado na escuridão e no dilúvio, apenas derramasse um pequeno raio sobre ele!

Sem dúvida, essas lisonjas grotescas e deslumbrantes, contrastando estranhamente com a linguagem amarga de intenso ódio e desprezo mordaz que Sêneca derramou sobre a memória de Cláudio após sua morte, foram escritas com o único propósito de serem repetidas naqueles ouvidos divinos e benignos. Sem dúvida, o soberbo liberto, que havia recebido uma parte tão rica das lisonjas prodigalizadas a seu mestre, aproveitaria a oportunidade – se não por boa natureza, pelo menos por vaidade – para repeti-las ao ouvido imperial. Se o momento fosse favorável, quem sabe se, em algum momento alheio e sem sentido, o imperador poderia ser induzido a assinar uma ordem para a retirada de nosso filósofo?

Não sejamos duros com ele. O exílio e a miséria são provações severas, e foi difícil para ele enfrentar a miséria de um mártir que não tinha nenhuma concepção da coroa de um mártir. Para um homem que, como Sêneca, almejava ser não apenas um filósofo, mas também um homem do mundo – que nesse mesmo tratado critica os estoicos por sua ignorância da vida – não teria parecido haver sequer a sombra da desgraça em uma efusão privada de lisonja insincera destinada a ganhar a remissão de um banimento deplorável. Ou, se condenarmos Sêneca, lembremo-nos de que os cristãos, assim como os filósofos, alcançaram uma eminência maior apenas para exemplificar uma queda mais desastrosa. As bajulações de Sêneca a Cláudio não são mais fulgurantes, e são infinitamente menos vergonhosas, do que aquelas que bispos bajuladores exalavam sobre sua contraparte, o rei Jaime. E se o estoico romano não pôde ganhar nada com uma comparação com o fracasso moral ainda mais flagrante do maior dos pensadores cristãos – Francis Bacon, visconde de Saint Alban – não nos esqueçamos de que Savonarola e Tomás Cranmer se retrataram sob tormento, e que a angústia do exílio extraiu até do espírito estelar e imperial de Dante Alighieri palavras e sentimentos pelos quais, em seus momentos mais nobres, ele poderia ter enrubescido.

A VOLTA DE SÊNECA DO EXÍLIO

Dos últimos cinco anos do exílio cansativo de Sêneca, nenhum vestígio foi preservado até nós. Não podemos dizer quais foram suas alternâncias de esperança e medo, de devoção à filosofia e de desejo pelo mundo que ele havia perdido. Quaisquer esperanças que ele pudesse ter nutrido pela intervenção de Políbio em seu favor devem ter sido totalmente extintas quando ele soube que o liberto, embora anteriormente poderoso com Messalina, havia perdido sua vida em consequência das maquinações dela. Mas o período final de seus dias na Córsega deve ter lhe trazido notícias emocionantes, que o salvariam de cair em desespero absoluto.

A carreira de Messalina estava chegando rapidamente ao fim. A vida dessa bela princesa, curta como foi, já que ela morreu em uma idade muito precoce, foi suficiente para tornar seu nome um provérbio de infâmia eterna. Durante algum tempo, ela pareceu irresistível. Seu fascínio pessoal havia conquistado para ela um domínio ilimitado sobre a mente fácil de Cláudio, e ela havia conquistado com suas intrigas, ou aterrorizado com sua severidade impiedosa, o mais nobre dos romanos e o mais poderoso dos libertos. Mas vemos em seu destino, como vemos em todas as páginas da história, que o vício sempre carrega consigo o germe da própria ruína e que uma retribuição, que é ainda mais inevitável por ser frequentemente lenta, aguarda toda violação da lei moral.

Há algo quase incrível na paixão penal que provocou sua queda. Durante a ausência de seu marido em Óstia, ela se casou com Gaius Silius, o mais belo e mais promissor dos jovens nobres romanos. Aparentemente, ela havia persuadido Cláudio de que se tratava apenas de um casamento simulado, com a intenção de evitar alguns presságios sinistros que ameaçavam destruir "o marido de Messalina". Contudo, independentemente do que Cláudio pudesse ter imaginado, todo o resto do mundo sabia que o casamento era real e o considerava não apenas uma atitude vil, mas também uma tentativa direta de usurpar o poder imperial.

Foi com essa visão do caso que o liberto Narciso despertou o espírito inerte e a tímida indignação do imperador ferido. Enquanto a selvagem folia da cerimônia de casamento estava em seu auge, Vettius Valens, um conhecido médico da época, na licença do festival, subiu até o topo de uma árvore alta e, quando lhe perguntaram o que ele via, ele respondeu com palavras que, embora fossem para brincar, estavam cheias de significado terrível: "Vejo uma tempestade feroz se aproximando de Óstia". Ele mal havia pronunciado essas palavras quando, primeiro, um rumor incerto e, depois, vários mensageiros trouxeram a notícia de que Cláudio sabia de tudo e estava chegando para se vingar. A notícia caiu como um raio sobre os convidados reunidos. Silius, como se nada tivesse acontecido, foi tratar de seus deveres públicos no Fórum, ao passo que Messalina imediatamente mandou chamar seus filhos, Otávia e Britânico, para que pudesse encontrar seu marido com eles ao seu lado. Implorou a proteção de Vibídia, a mais velha das castas virgens de Vesta, e, abandonada por todos, com exceção de três companheiros, fugiu a pé e sem ser molestada, por toda a extensão da cidade, até chegar ao portão de Óstia e montou no carrinho de lixo de um jardineiro do mercado que estava passando. Mas Narciso absorveu tanto os olhares quanto a atenção do imperador com as provas e a narrativa de seus crimes e, livrando-se da deusa romana Vesta, e prometendo-lhe que a causa de Messalina deveria ser julgada, ele apressou Cláudio, primeiro para a casa de Silius, que abundava com as provas de sua culpa, e depois para o acampamento dos pretorianos, onde uma rápida vingança foi feita contra todo o bando daqueles que haviam se envolvido nos crimes de Messalina. Enquanto isso, ela, no auge de fúria e terror abjeto, refugiou-se no jardim de Lúculo, que ela cobiçara e tornara seu por meio da injustiça. Cláudio, que havia voltado para casa e recuperado um pouco de sua constância de ânimo nos prazeres da mesa, mostrou sinais de ceder, mas Narciso sabia que a demora era a morte e, por sua autoridade, enviou um tribuno e centuriões para despachar a imperatriz. Eles a encontraram prostrada no chão, aos pés de sua mãe Lepida, com quem ela havia brigado em sua prosperidade, mas que agora vinha para se compadecer e consolar sua miséria, e para incentivá-la à morte voluntária, a única que poderia salvá-la de uma infâmia iminente e mais cruel. Mas a mente de Messalina, como a de Nero depois, estava tão corrompida pela maldade que nem a pobre nobreza que está implícita na coragem do desespero restou nela. Enquanto ela perdia tempo com lágrimas e lamentações, ouviu-se um barulho de pancadas nas portas, e o tribuno ficou ao lado dela em silêncio, o liberto com vitupério servil. Primeiro, ela pegou o punhal em sua mão irresoluta e, depois de ter se apunhalado duas vezes em vão, o tribuno desferiu o golpe fatal, e o cadáver de Messalina, como o de Jezabel, jazia banhado em seu sangue no terreno que seus crimes haviam roubado de seu legítimo proprietário. Cláudio, que ainda se demorava em seu jantar, foi informado de que ela havia perecido e não fez uma única pergunta naquele momento, tampouco demonstrou posteriormente o menor sinal de raiva, ódio, piedade ou qualquer emoção humana.

O silêncio absoluto de Sêneca em relação à mulher que lhe causou a mais amarga angústia e humilhação de sua vida é, como já observamos, um fenômeno estranho e significativo. É claro que não foi em função de um acidente, pois os vícios que ele incessantemente descreve e denuncia teriam encontrado nessa mulher miserável sua ilustração mais flagrante que sequer a história contemporânea poderia ter fornecido um exemplo mais apropriado da reivindicação, pelo destino dela, da severa majestade da lei moral. No entanto, embora Sêneca tivesse todos os motivos para abominar o caráter e detestar a memória de Messalina, embora ele não pudesse ter prestado a seus patronos um serviço mais bem-vindo do que inferiorizar sua reputação, ele nunca menciona seu nome. E esse honroso silêncio nos dá uma visão favorável de seu caráter. Pois só pode ser por causa de seu sentimento de piedade pelo fato de que até Messalina, por pior que fosse, sem dúvida já havia sido julgada por um poder superior e havia recebido seu terrível castigo das mãos de Deus. Foi conjecturado, com toda a aparência de probabilidade, que o mais terrível dos escândalos que se acreditava e circulava a respeito dela teve sua origem na autobiografia publicada de seu inimigo mortal e sucessor vitorioso. Os muitos que tiveram participação na queda de Messalina ficariam muito felizes em envenenar cada reminiscência de sua vida, e o ódio implacável e mortal da pior mulher que já existiu encontraria uma gratificação peculiar em espalhar todos os tons concebíveis de desgraça sobre os atos de uma rival cujos filhos jovens era seu maior objetivo suplantar. O fato de Sêneca não se dignar a fazer a crônica nem de uma inimiga, o que Agripina não se envergonhava de escrever – que ele pou-

pou alguém que tinha prazer de a todos caluniar – de ter considerado sua queda uma reivindicação suficiente para a piedade, uma retaliação suficiente para seus crimes, é um traço no caráter do filósofo que dificilmente recebeu o crédito que merece.

A MORTE DE SÊNECA

A falsa acusação que havia sido feita contra Sêneca, e na qual o nome de Pisão havia sido envolvido, tendeu a incitar esse nobre e seus amigos a uma conspiração real e formidável. Muitos homens de influência e distinção juntaram-se a ela e, entre outros, Annaeus Lucanus, o célebre poeta sobrinho de Sêneca, e Fenius Rufus, colega de Tigellinus no comando dos guardas imperiais. A trama foi discutida por muito tempo, e muitos foram admitidos no segredo, que, no entanto, foi maravilhosamente bem guardado. Um dos conspiradores mais ávidos foi Subrius Flavus, um oficial da guarda, que sugeriu o plano de esfaquear Nero enquanto ele cantava no palco, ou de atacá-lo enquanto ele andava sem guardas à noite nas galerias de seu palácio em chamas. Diz-se até que Flavus acalentava o projeto de posteriormente assassinar Pisão da mesma forma e oferecer o poder imperial a Sêneca, com o pleno conhecimento do próprio filósofo. No entanto, isso pode ter acontecido – e a história não tem nenhuma probabilidade – muitos esquemas foram discutidos e rejeitados por causa da dificuldade de encontrar um homem suficientemente ousado para colocar a própria vida em risco tão iminente. Enquanto as coisas ainda estavam sendo discutidas, a trama quase foi arruinada pela informação de Volusius Proculus, um almirante da frota, a quem ela havia sido mencionada por uma mulher livre chamada Epicharis. Embora nenhuma evidência suficiente pudesse ser apresentada contra ela, os conspiradores acharam aconselhável apressar as coisas, e um deles, um senador chamado Scaevinus, assumiu a perigosa tarefa do assassinato. Plautius Lateranus, o primo eleito, deveria fingir oferecer uma petição, na qual ele deveria abraçar os joelhos do imperador e jogá-lo no chão, e então Scaevinus deveria dar o golpe fatal. A conduta teatral de Scaevinus – que pegou um punhal antigo no Templo da Segurança, fez seu testamento, ordenou que o punhal fosse afiado, sentou-se para um banquete excepcionalmente luxuoso, alforriou ou presenteou seus escravos, demonstrou grande agitação e, por fim, ordenou que ligamentos para ferimentos fossem preparados – despertou as suspeitas de um de seus libertos chamado Milichus, que se apressou em pedir uma recompensa por revelar suas suspeitas. Confrontado com Milichus, Scaevinus enfrentou e refutou suas acusações com a maior firmeza, mas quando Milichus mencionou, entre outras coisas, que no dia anterior Scaevinus havia tido uma longa e secreta conversa com outro amigo de Pisão chamado Natalis, e quando Natalis, ao ser convocado, deu um relato muito diferente do que Scaevinus havia dado sobre o assunto dessa conversa, ambos foram acorrentados e, incapazes de suportar as ameaças e a visão das torturas, revelaram toda a conspiração. Natalis foi o primeiro a mencionar o nome de Pisão, e acrescentou o odiado nome de Sêneca, seja porque ele havia sido o mensageiro confidencial entre os dois, seja porque sabia que não poderia fazer um favor maior a Nero do que dar-lhe a oportunidade de ferir um homem que ele há muito tempo buscava todas as oportunidades possíveis para esmagar. Scaevinus, com igual fraqueza, talvez por pensar que Natalis não havia deixado nada para revelar, mencionou os nomes dos outros e, entre eles, o de Lucano, cuja cumplicidade na trama tenderia, sem dúvida, a dar maior probabilidade à suposta culpa de Sêneca. Lucano, depois de muito tempo negando todo o conhecimento do plano, corrompido pela promessa de impunidade, foi culpado da incrível baixeza de compensar a lentidão de sua confissão com sua completude e de nomear entre os conspiradores seu principal amigo Glício Galo, bem como Ânio Pílio, e sua mãe. A mulher Epicharis, por mais escrava que tenha sido, foi a única que demonstrou a menor constância e, por sua corajosa e inabalável reticência sob as mais excruciantes e variadas torturas, envergonhou a traição pusilânime de senadores e cavaleiros. No segundo dia, quando, com os membros deslocados demais para permitir que ficasse de pé, ela foi novamente levada à presença de seus carrascos, por meio de um movimento repentino ela conseguiu estrangular-se com a própria cinta.

Na pressa e no alarme do momento, a menor demonstração de determinação teria atingido o objetivo da conspiração. Fenius Rufus ainda não havia sido nomeado entre os conspiradores e, enquanto estava sentado ao lado do imperador e presidia a tortura de seus companheiros, Subrius Flavus fez-lhe um sinal secreto para perguntar se, mesmo naquele momento, ele deveria apunhalar Nero. Rufus não apenas fez um sinal de discordância, mas também segurou a mão de Subrius que estava segurando o punho de sua espada. Talvez tivesse sido melhor para ele se não tivesse feito isso, pois não era provável que os numerosos conspiradores permitissem que o mesmo homem fosse, ao mesmo tempo, seu cúmplice e o mais feroz de seus juízes. Pouco depois, enquanto ele insistia e ameaçava, Scaevinus observou, com um sorriso tranquilo, "que ninguém sabia mais sobre o assunto do que ele mesmo, e que era melhor mostrar sua gratidão a tão excelente príncipe contando tudo o que sabia". A confusão e o alarme de Rufus revelaram sua consciência de culpa, motivo pelo qual ele foi preso e amarrado no local e, posteriormente, condenado à morte.

Enquanto isso, os amigos de Pisão insistiam para que ele tomasse alguma medida ousada e repentina que, se não conseguisse recuperar sua sorte, pelo menos daria brilho à sua morte. Mas sua natureza um tanto preguiçosa, enfraquecida ainda mais por uma vida luxuosa, não queria ser despertada, e ele aguardou calmamente o fim. Era costume entre os imperadores romanos, naquele período, evitar a desgraça e o perigo das execuções públicas, enviando um mensageiro à casa de um homem e ordenando que ele se matasse da maneira que preferisse. Alguns recrutas inexperientes – pois Nero não ousava confiar a nenhum veterano essa tarefa – levaram a ordem a Pisão, que fez um testamento cheio de adulação vergonhosa a Nero, abriu as veias e morreu. Plautius Lateranus não teve sequer o pobre privilégio de escolher a própria morte, mas, sem tempo nem mesmo para abraçar seus filhos, foi levado às pressas para um lugar separado para a punição de escravos e lá morreu, sem dizer uma palavra, pela espada de um tribuno que ele sabia ser um de seus cúmplices.

Acredita-se que Lucano, no auge de sua vida e na plenitude de seu gênio, tenha se juntado à conspiração por causa de sua indignação com a maneira pela qual o ciúme de Nero havia reprimido sua fama poética e lhe havia proibido a oportunidade de recitações públicas. Ele também abriu as veias e, ao sentir o frio mortal subindo pelas extremidades de seus membros, recitou alguns versos de sua *Farsália*, na qual descrevia a morte semelhante do soldado Lycidas. Essas foram suas últimas palavras. Sua mãe, que ele havia traído para sua infâmia eterna, foi ignorada como uma vítima insignificante demais para ser notada, e não foi perdoada nem punida.

Mas, de todas as muitas mortes causadas por essa conspiração infeliz e mal administrada, nenhuma causou mais prazer a Nero do que a de Sêneca, a quem ele pôde matar pela espada, já que não havia conseguido fazê-lo por meio de veneno secreto. Não se sabe que participação Sêneca realmente teve na conspiração. Se ele estava realmente ciente dela, deve ter agido com muito tato, pois nenhuma partícula de evidência convincente foi apresentada contra ele. Tudo o que Natalis pôde relatar foi que, quando Pisão o enviou para reclamar com Sêneca por ele não ter permitido que Pisão tivesse mais contato com ele, Sêneca respondeu "que era melhor que ambos se mantivessem afastados um do outro, mas que sua segurança dependia da de Pisão". Um tribuno foi enviado para perguntar a Sêneca sobre a veracidade dessa história e descobriu, o que por si só já era considerado uma circunstância suspeita, que naquele mesmo dia ele havia retornado da Campânia para uma vila a quatro milhas da cidade. O tribuno chegou à noite e cercou a vila com soldados. Sêneca estava jantando, com sua esposa Paulina e dois amigos. Ele negou totalmente a veracidade da evidência e disse que "a única razão que atribuiu a Pisão para vê-lo tão pouco foi sua saúde frágil e seu amor pelo retiro". Nero, que sabia o quão pouco propenso ele era à lisonja, poderia julgar se era ou não provável que ele, um homem de posição consular, preferisse a segurança de um homem de posição privada à própria". Essa foi a mensagem que o tribuno levou para Nero, que encontrou sentado com seus mais queridos e detestáveis conselheiros, sua esposa Poppaea e seu ministro Tigellinus. Nero perguntou "se Sêneca estava preparando uma morte voluntária". Quando o tribuno respondeu que ele não demonstrava tristeza ou terror em sua linguagem ou semblante, Nero ordenou que ele fosse imediatamente condenado à morte. A mensagem foi recebida, e Sêneca, sem qualquer sinal de alarme, pediu calmamente permissão para revisar seu testamento. Isso lhe foi negado, e ele então se voltou para seus amigos com a observação de que, como não era capaz de recompensar seus méritos como eles mereciam, ele lhes legaria a única, e ainda assim a mais preciosa, posse que lhe restava, ou seja, o exemplo de sua vida, e se eles se atentassem a isso, ganhariam a reputação tanto de integridade quanto de amizade fiel. Ao mesmo tempo, ele controlava as lágrimas deles, às vezes com sua conversa e às vezes com sérias repreensões, e perguntou-lhes: "Onde estavam seus preceitos de filosofia e onde estava a fortaleza sob provações que deveria ter sido aprendida com os estudos de muitos anos? Todos não conheciam a crueldade de Nero? E o que lhe restava fazer senão acabar com seu mestre e tutor após o assassinato de sua mãe e seu irmão?". Então, Sêneca abraçou sua esposa Paulina e, com um leve vacilo em sua altivez, implorou e rogou que ela não entrasse em uma tristeza sem fim, mas que suportasse a perda de seu marido com a ajuda daqueles nobres consolos que ela deveria obter da contemplação de sua vida virtuosa. Mas Paulina declarou que morreria com ele, e Sêneca, não se opondo ao ato que lhe renderia uma glória tão permanente e, ao mesmo tempo, não querendo deixá-la entregue a futuros erros, cedeu ao seu desejo. As veias de seus braços foram abertas com o mesmo golpe, mas o sangue de Sêneca, empobrecido pela idade avançada e pela vida moderada, fluía tão lentamente que foi necessário abrir também as veias de suas pernas. Esse modo de morte, escolhido pelos romanos como relativamente indolor, é de fato, sob certas circunstâncias, muito agonizante. Desgastado por essas torturas cruéis, e não querendo enfraquecer a fortaleza de sua esposa com um espetáculo tão terrível, feliz ao mesmo tempo que se poupava de ver seus sofrimentos, ele a persuadiu a ir para outro cômodo. Mesmo assim, sua eloquência não falhou. Conta-se sobre André Chénier, o poeta francês, que a caminho da execução ele pediu material de escrita para registrar alguns dos estranhos pensamentos que lhe enchiam a mente. O desejo lhe foi negado, mas Sêneca teve ampla liberdade para registrar suas últimas declarações. Foram convocados amanuenses, que anotaram aquelas admoestações da morte e, na época de Tácito, elas ainda existiam. Para nós, entretanto, esse interessante memorial de um leito de morte pagão está irrevogavelmente perdido.

Enquanto isso, Nero, a quem a notícia dessas circunstâncias foi levada, não tendo nenhuma antipatia por Paulina e não querendo incorrer no odioso derramamento de sangue, ordenou que sua morte fosse proibida e que suas feridas fossem amarradas. Ela já estava inconsciente, mas seus escravos e libertos conseguiram salvar sua vida. Ela viveu por mais alguns anos, conservando a memória do marido e carregando, na atenuação de sua estrutura e na palidez horrível de seu semblante, as provas duradouras do profundo afeto que caracterizou sua vida de casada.

Sêneca ainda não estava morto e, para abreviar esses sofrimentos prolongados e inúteis, implorou a seu amigo e médico Statius Annaeus que lhe desse uma dose de cicuta, o mesmo veneno com o qual o grande filósofo de Atenas havia sido morto. Mas seus membros já estavam frios e a dose foi infrutífera. Então, ele entrou em um banho de água quente, borrifando os escravos que estavam mais próximos a ele, dizendo que estava derramando uma libação a Júpiter, o Libertador. Mesmo a água quente não conseguiu fazer o sangue fluir mais rapidamente, e ele foi finalmente levado para um daqueles banhos de vapor que os romanos chamavam de sudatórios, e sufocado com seu vapor. Seu corpo foi queimado em particular, sem nenhuma das cerimônias habituais. Esse era seu desejo, expresso não após a queda de sua fortuna, mas sim em um momento que seus pensamentos estavam voltados para seu último fim, no auge de sua grande riqueza e poder conspícuo.

DIÁLOGOS MENORES DE SÊNECA[25]

PREFÁCIO

Pouco posso dizer a título de prefácio aos "Diálogos menores" de Sêneca que já não tenha expressado em meu prefácio ao "Dos benefícios", exceto que os "Diálogos menores" parecem-me compostos em um tom mais sombrio do que o "Dos benefícios" ou o "Da clemência", e provavelmente foram escritos em uma época em que o autor já havia começado a sentir a ingratidão de seu pupilo imperial. Alguns dos diálogos são datados da Córsega, o local de exílio de Sêneca, que ele parece ter achado peculiarmente desconfortável, embora observe que há pessoas que vivem lá por opção. No entanto, por mais triste que seja o seu tom, esses diálogos têm um certo valor, porque nos ensinam o que significava a filosofia estoica na época dos Doze Césares. Tenho apenas a acrescentar que o valor de meu trabalho foi materialmente aumentado pela gentileza do Rev. Professor J. E. B. Mayor, que teve a bondade de ler e corrigir quase todas as folhas de prova deste volume.

AUBREY STEWART.
Londres, 1889.

---

25 Título original: *Minor dialogues, together with the dialogue on clemency*, de Lucius Annaeus Seneca, traduzido para a língua inglesa pelo membro da Trinity College, Cambridge, Aubrey Stewart. London: George Bell& Sons, 1889. Tradução de Murilo Oliveira de Castro Coelho.

O PRIMEIRO DIÁLOGO DE SÊNECA, DIRIGIDO A LUCILIUS

"Por que, quando existe uma Providência, quaisquer infortúnios acontecem a homens bons; ou Da Providência"

I. Você me perguntou, Lucilius, por que, se o mundo é governado pela Providência, tantos males acontecem aos homens de bem? A resposta a essa pergunta seria mais conveniente de ser dada no decorrer deste trabalho, depois de provarmos que a Providência governa o Universo e que Deus está entre nós. Mas, como você deseja que eu trate de um ponto separado do todo e responda a uma réplica antes que a ação principal tenha sido decidida, farei o que não é difícil e defenderei a causa dos deuses. No momento, é supérfluo salientar que não é sem algum guardião que uma obra tão grande mantém sua posição, que a reunião e os movimentos das estrelas não dependem de impulsos acidentais, ou que os objetos cujo movimento é regulado pelo acaso muitas vezes caem em confusão e logo tropeçam, ao passo que esse movimento rápido e seguro continua, governado pela lei eterna, levando consigo tantas coisas tanto no mar quanto na terra, tantas luzes brilhantes brilhando em ordem nos céus, bem como que essa regularidade não pertence à matéria que se move ao acaso, e que as partículas reunidas por acaso não poderiam se organizar com tanta arte a ponto de fazer que o peso mais pesado, o da Terra, permaneça imóvel, e contemplar o voo dos céus enquanto se apressam ao redor dela, fazer os mares se derramarem nos vales e assim temperarem o clima da Terra, sem qualquer aumento sensível dos rios que fluem para eles, ou fazer que enormes crescimentos surjam de sementes minúsculas. Mesmo os fenômenos que parecem ser confusos e irregulares, ou seja, as chuvas e as nuvens, a precipitação de raios dos céus, o fogo que jorra dos picos das montanhas, os tremores da terra e tudo o mais que é produzido neste planeta pelo elemento inquieto do Universo, não acontecem sem razão, embora o façam repentinamente: Mas eles também têm suas causas, assim como as coisas que nos causam admiração pela estranheza de sua posição, como as fontes quentes em meio às ondas do mar e as novas ilhas que surgem no vasto oceano. Além disso, qualquer um que tenha observado como a costa é desnudada pelo recuo do mar para dentro de si mesmo e como, em pouco tempo, ela é novamente coberta, acreditará que é em obediência a alguma lei oculta de mudança que as ondas são, em um momento, contraídas e levadas para dentro, em outro, irrompem e recuperam seu leito com uma forte corrente, já que o tempo todo elas aumentam em proporção regular e surgem no dia e hora determinados, maiores ou menores, de acordo com a Lua, a cujo prazer o oceano flui, as atrai. Que esses assuntos sejam deixados de lado para serem discutidos em seu devido momento, mas eu, já que você não duvida da existência da Providência, mas se queixa dela, por essa razão o reconciliarei mais prontamente com os deuses que são os mais excelentes para os homens excelentes, pois de fato a natureza das coisas nunca permite que o bem seja prejudicado pelo bem. Entre as pessoas de bem e os deuses há uma amizade que é gerada pela virtude – amizade, digo eu? Não, antes relação e semelhança, uma vez que o ser humano de bem difere de um deus apenas no tempo, sendo seu pupilo, rival e verdadeiro descendente, a quem seu glorioso pai treina mais severamente do que a outros homens, insistindo severamente na conduta virtuosa, assim como fazem os pais rigorosos. Portanto, quando virem pessoas que são boas e aceitáveis aos deuses trabalhando, suando, lutando penosamente para subir, enquanto as más se divertem e se embebem em prazeres, reflitam que a modéstia nos agrada em nossos filhos e a ousadia em nossos escravos nascidos em casa; que os primeiros são controlados por uma regra um tanto severa, ao passo que a ousadia dos últimos é incentivada. Esteja certo de que Deus age da mesma maneira. Ele não afaga o homem bom. Ele o prova, o endurece e o prepara para Si.

II. Por que muitas coisas acabam mal para os homens bons? Ora, nenhum mal pode acontecer a um homem bom, uma vez que os contrários não podem se combinar. Assim como tantos rios, tantos aguaceiros vindos das nuvens, tantas fontes medicinais não alteram o sabor do mar, na verdade, sequer o suavizam, também a pressão da adversidade não afeta a mente de um homem corajoso porque sua mente mantém o equilíbrio sobre tudo o que acontece, em razão de ser mais poderosa do que quaisquer circunstâncias externas. Não digo que ele não as sinta, mas que as vença e, em certas ocasiões, supere seus ataques com calma e tranquilidade, considerando todos os infortúnios provações da própria firmeza. No entanto, qual é a pessoa com uma ambição honrosa que não anseie por um emprego digno e não esteja ansiosa para cumprir seu dever, apesar do perigo? Existe algum trabalhador para quem a ociosidade não seja um castigo? Vemos atletas que treinam apenas sua força corporal participarem de competições com os mais fortes, e insistem que aqueles que os treinam para a arena devem usar toda a sua força ao praticar com eles. Suportam golpes e maus-tratos e, se não conseguem encontrar uma única pessoa que esteja à sua altura, eles se envolvem com várias ao mesmo tempo. A força e a coragem caem sem um antagonista, já que eles só podem provar o quão grande e poderosos eles são provando o quanto podem suportar. Você deve saber que os homens de bem devem agir da mesma maneira, de modo a não temer problemas e dificuldades, tampouco lamentar seu destino difícil, a aceitar de bom grado tudo o que lhes acontece e se esforçar para que os infortúnios se tornem bênçãos. Não importa o que você suporta, mas como você suporta. Não percebe como os pais e as mães tratam seus filhos de maneira diferente? Como os primeiros os incentivam a começar suas tarefas a tempo, não permitem que fiquem ociosos nem aos feriados, e os exercitam até que transpirem e, às vezes, até que derramem lágrimas – ao passo que suas mães querem aconchegá-los em seus colos e mantê-los longe do Sol, e nunca desejam que fiquem irritados, chorem ou trabalhem. Deus tem uma mente paternal em relação aos homens bons e os ama em um espírito masculino. "Que eles", diz Ele, "sejam treinados por trabalhos, sofrimentos e perdas, para que assim possam adquirir a verdadeira força". Aqueles que estão cheios de facilidades não se quebram apenas com o trabalho, mas com o mero movimento e com o próprio peso. A prosperidade ininterrupta não pode suportar um único golpe, mas aquele que travou uma luta incessante com seus infortúnios ganhou uma pele mais grossa com seus sofrimentos, não cede a nenhum desastre e, mesmo que caia, ainda assim luta de joelhos. Você se admira que Deus, que tanto ama os bons, que deseja que eles alcancem a mais alta bondade e preeminência, tenha designado a sorte para ser sua adversária? Não me surpreenderia se os deuses às vezes sentissem o desejo de ver grandes homens lutando contra algum infortúnio. Às vezes, ficamos encantados quando um jovem de coragem firme recebe em sua lança a fera que o ataca, ou quando ele enfrenta o ataque de um leão sem vacilar, e quanto mais eminente é o homem que age assim, mais atraente é a visão. No entanto, esses não são assuntos que podem atrair a atenção dos deuses, mas são meros passatempos e diversões da frivolidade humana. Contemplem uma visão digna de ser vista por um deus interessado pelo próprio trabalho, contemplem um lutador digno de um deus, um homem corajoso enfrentando a má fortuna, especialmente se ele mesmo tiver dado o desafio. Digo, não sei que espetáculo mais nobre Júpiter poderia encontrar na Terra, caso voltasse seus olhos para lá, do que o de Catão, depois de seu partido ter sido derrotado mais de uma vez, ainda de pé em meio às ruínas da comunidade. Disse ele: "E se tudo caísse no poder de um só homem, se a terra fosse guardada por suas legiões, o mar por suas frotas, se os soldados de César cercassem o portão da cidade? Catão tem uma saída para isso: com uma mão, ele abrirá um amplo caminho para a liberdade; sua espada, que ele carregou sem ser manchada pela desgraça e inocente de crime mesmo em uma guerra civil, ainda realizará ações boas e nobres; ela dará a Catão a liberdade que não pôde dar a seu país. Comece, minha alma, a obra que há tanto tempo você contempla, afaste-se do mundo dos homens. Petreius e Juba[26] já se encontraram e caíram, cada um morto pela mão do outro – um pacto corajoso e nobre com o destino, mas não condizente com minha grandeza, pois é tão vergonhoso para Catão implorar a morte de alguém quanto seria para ele implorar pela própria vida".

Para mim, está claro que os deuses devem ter olhado com grande alegria, enquanto aquele homem, seu vingador mais implacável, pensava na segurança dos outros e providenciava a fuga daqueles que partiam, enquanto, mesmo em sua última noite, prosseguia com seus estudos, enquanto cravava a espada em seu peito sagrado, enquanto arrancava seus órgãos vitais e colocava a mão sobre aquela vida santíssima que não era

---

26 Petreius (110 a.C.-46 a.C.) foi um político e general da República romana que ficou famoso principalmente por ter cercado e assassinado o notório rebelde Catilina. O rei Juba foi o soberano da Numídia, antiga região do Norte da África, de 60 a.C. a 46 a.C.

digna de ser contaminada pelo aço. Essa, estou inclinado a pensar, foi a razão pela qual seu ferimento não foi certeiro e mortal, porque os deuses não estavam satisfeitos em ver Catão morrer uma vez. Sua coragem foi mantida em ação e chamada ao palco, para que pudesse se exibir em uma parte mais difícil: pois é preciso ter uma mente maior para retornar uma segunda vez à morte. Como eles poderiam deixar de ver seu aluno com interesse ao deixar sua vida com uma partida tão nobre e memorável? Os homens são elevados ao nível dos deuses por uma morte que é admirada mesmo por aqueles que os temem.

III. No entanto, à medida que meu argumento prossegue, provarei que aquilo que parece ser um mal não o é. Por ora, digo o seguinte: o que vocês chamam de medidas duras, infortúnios e coisas contra as quais devemos orar são, na verdade, para a vantagem, em primeiro lugar, daqueles a quem eles acontecem e, em segundo lugar, de toda a humanidade, por quem os deuses se preocupam mais do que com os indivíduos. Em seguida, que esses males os atingem com a própria boa vontade, e que os homens merecem suportar infortúnios, se não estiverem dispostos a recebê-los. Acrescentarei a isso que os infortúnios procedem assim por destino, e que eles atingem os homens bons pela mesma lei que os torna bons. Depois disso, vou convencê-lo a nunca ter pena de nenhum homem bom, pois, embora ele possa ser chamado de infeliz, ele não pode ser assim.

De todas essas proposições, a que afirmei primeiro parece ser a mais difícil de provar. Quero dizer que as coisas que tememos são vantajosas para aqueles a quem elas acontecem. E você diz: "É vantajoso para eles serem levados ao exílio, passarem necessidade, levarem para o enterro seus filhos e esposa, serem publicamente desonrados, perderem a saúde?". Sim! Se você se surpreender com o fato de isso ser vantajoso para qualquer homem, também se surpreenderá com o fato de qualquer homem ser beneficiado pela faca e pelo cautério, ou também pela fome e pela sede. No entanto, se considerar que alguns homens, para serem curados, têm seus ossos raspados e pedaços deles extraídos, que suas veias são arrancadas e que alguns têm membros cortados, os quais não poderiam permanecer em seu lugar sem arruinar todo o corpo, permitirá que eu lhe prove isso também, que alguns infortúnios são para o bem daqueles a quem eles acontecem, tanto quanto, por Hércules, algumas coisas que são louvadas e procuradas são prejudiciais àqueles que as desfrutam, como indigestão, embriaguez e outras coisas que nos matam pelo prazer. Entre as muitas palavras grandiosas de nosso Demétrio está a que acabei de ouvir e que ainda soa e emociona em meus ouvidos: "Ninguém me parece mais infeliz do que o homem a quem nenhum infortúnio jamais aconteceu". Ele nunca teve a oportunidade de testar a si mesmo, embora tudo tenha acontecido a ele de acordo com seu desejo, ou melhor, mesmo antes de ele ter formado um desejo os deuses o julgaram desfavoravelmente. Ele nunca foi considerado digno de vencer a má sorte, que evita os maiores covardes, como se dissesse: "Por que eu deveria tomar esse homem como meu antagonista? Ele logo deporá suas armas. Não precisarei de toda a minha força contra ele, porque ele será posto em fuga com uma mera ameaça. Ele sequer ousa me encarar. Então, deixe-me procurar por algum outro com quem eu possa lutar corpo a corpo. Eu me envergonho de entrar em uma batalha com alguém que está preparado para ser derrotado". Um gladiador considera uma vergonha ser confrontado com um inferior e sabe que vencer sem perigo é vencer sem glória. É o que acontece com a Providência, ela procura os mais corajosos para se equiparar, passa por cima de alguns com desdém e procura o mais inflexível e íntegro dos homens para exercer sua força contra eles. Ela testou Mucius pelo fogo, Fabrícius pela pobreza, Rutílio pelo exílio, Régulo pela tortura, Sócrates pelo veneno, Catão pela morte. É apenas a má sorte que revela esses exemplos gloriosos. Mucius foi infeliz porque agarrou o fogo do inimigo com a mão direita e, por sua vontade, pagou a penalidade de seu erro, porque venceu o rei com sua mão quando ela estava queimada, embora não pudesse fazê-lo quando ela segurava uma espada? Teria ele sido mais feliz se tivesse aquecido a mão no seio de sua senhora? Fabricius foi infeliz porque, quando o Estado podia poupá-lo, ele cavava a própria terra? Por que ele travou uma guerra contra as riquezas tão intensamente quanto contra Pirro? Por que ele jantava ao lado de sua lareira com as mesmas raízes e ervas que ele mesmo, embora fosse um homem velho e que tivesse desfrutado de um triunfo, tinha arrancado enquanto limpava seu campo de ervas daninhas? Teria ele sido mais feliz se tivesse se empanturrado com peixes de praias distantes e pássaros capturados em terras estrangeiras? Caso tivesse despertado o torpor de seu estômago enjoado com mariscos do alto e do baixo mar? Se tivesse empilhado um grande monte de frutas em volta da caça de primeira, que muitos caçadores haviam sido mortos ao capturar? Rutilius foi infeliz porque aqueles que o condenaram precisarão defender sua causa por todas as eras. Porque ele suportou a perda de seu país com mais serenidade do que o seu banimento. Porque ele foi o único homem que recusou qualquer coisa a Sula, o ditador, e quando foi chamado de volta do exílio, foi para mais longe e se baniu ainda mais. "Deixe que aqueles", disse ele, "que seu afortunado reinado captura em Roma, vejam o Fórum encharcado de sangue, e as cabeças dos senadores acima da piscina de Servilius – o lugar onde as vítimas das proscrições de Sula foram despojadas – os bandos de assassinos vagando livremente pela cidade, e muitos milhares de cidadãos romanos massacrados em um só lugar, depois, não, por meio de uma promessa de quartel. Que aqueles que não puderem ir para o exílio vejam essas coisas". Bem, Lúcio Cornélio Sula está feliz porque quando ele desce ao Fórum o espaço é preparado para ele com golpes de espada, porque ele permite que as cabeças dos consulares sejam mostradas a ele, de modo a poder contar o preço do sangue por meio do questor e do tesouro do Estado. E esse foi o homem que aprovou a Lex Cornelia![27] Vamos agora falar de Regulus. Que mal lhe fez a fortuna quando o transformou em um exemplo de fé, um exemplo de resistência? Eles perfuram sua pele com pregos, e onde quer que ele incline seu corpo cansado, ele repousa sobre uma ferida. Seus olhos estão fixos para sempre abertos, e quanto maiores forem seus sofrimentos, maior será sua glória. Você saberia o quanto ele está longe de se arrepender de ter valorizado sua honra a tal preço? Cure suas feridas e mande-o novamente para o Senado, e ele dará o mesmo conselho. Então, você acha que Mecenas era um homem mais feliz, que quando perturbado pelo amor e chorando pelas repulsas diárias de sua esposa de má índole, buscava o sono ouvindo sons distan-

---

[27] Decreto imperial que anulou a capacidade legislativa das assembleias populares, bem como limitou a capacidade dos tribunos de vetar uma lei emanada do Senado, exigindo prévia autorização para todas as propostas de lei.

tes de música? Embora ele se drogasse com vinho, se divertisse com o som de águas caindo e distraísse seus pensamentos perturbados com mil prazeres, ainda assim Mecenas não dormirá mais em suas almofadas de plumas do que Regulus na prateleira. No entanto, consola esse último o fato de que sofre por causa da honra, e ele desvia o olhar de seus tormentos para a causa deles, ao passo que o outro, cansado de prazeres e doente com o excesso de prazer, é mais prejudicado pela causa de seus sofrimentos do que pelos próprios sofrimentos. O vício não se apoderou tão completamente da raça humana de modo que, se os homens pudessem escolher seu destino, não haveria dúvida de que mais escolheriam ser Regulus do que Mecenas. Ou se houvesse alguém que ousasse dizer que preferiria nascer Mecenas a ser Regulus, esse homem, quer ele diga isso ou não, preferiria ter sido sua esposa Terência (a ser Cícero).

Você considera que Sócrates foi mal utilizado, porque ele tomou aquela bebida que o Estado lhe atribuiu como se fosse um amuleto para torná-lo imortal, e discutiu sobre a morte até a própria morte? Ele foi maltratado porque seu sangue congelou e a corrente de suas veias parou gradualmente à medida que o frio da morte se infiltrava sobre elas? Quanto mais esse homem deve ser invejado do que aquele que é servido com pedras preciosas, cuja bebida uma criatura treinada para todos os vícios, um eunuco ou algo parecido, refresca com neve em uma taça de ouro. Homens como esses trazem de volta tudo o que bebem, na miséria e nojo do sabor da própria bile, enquanto Sócrates drena seu veneno com alegria e disposição. Quanto a Catão, já foi dito o suficiente, e todos os homens devem concordar que a maior felicidade foi alcançada por alguém que foi escolhido pela própria natureza como digno de enfrentar todos os seus terrores. "A inimizade", diz ela, "dos poderosos é dolorosa; portanto, que ele seja combatido imediatamente por Pompeu, César e Crasso. É doloroso, quando um candidato a cargos públicos é derrotado por seus inferiores; portanto, que ele seja derrotado por Vatínio. É doloroso participar de guerras civis; portanto, que ele lute em todas as partes do mundo pela boa causa com igual obstinação e má sorte. É doloroso impor as mãos sobre si mesmo; portanto, que ele o faça. O que ganharei com isso? Que todos os homens saibam que essas coisas, pelas quais considerei Catão digno de passar, não são males reais".

IV. A prosperidade vem para a multidão e para os homens de mente baixa, bem como para os grandes, mas é privilégio apenas dos grandes homens passar pelos desastres e pelos terrores da vida mortal, ao passo que ser sempre próspero e passar pela vida sem uma pontada de angústia mental é permanecer ignorante de uma metade da natureza. Você é um grande homem, mas como posso saber disso se a sorte não lhe dá nenhuma oportunidade de mostrar sua virtude? Você entrou na arena dos jogos olímpicos, mas ninguém mais o fez. Você tem a coroa, mas não a vitória. Eu não o felicito como felicitaria a um homem corajoso, mas sim como alguém que obteve um cargo de cônsul ou de pretor. Você ganhou dignidade. Posso dizer o mesmo de um homem bom, se as circunstâncias problemáticas nunca lhe deram uma única oportunidade de mostrar a força de sua mente. Eu o considero infeliz porque você nunca foi infeliz. Você passou a vida inteira sem encontrar um antagonista, e ninguém conhecerá seus poderes, sequer você mesmo. Pois um homem não pode conhecer a si mesmo sem uma provação. Ninguém jamais aprendeu o que pode fazer sem se colocar à prova. Por essa razão, muitos se expuseram, por vontade própria, a infortúnios que não mais os atrapalharam, e buscaram uma oportunidade de fazer brilhar diante do mundo sua virtude, que de outra forma teria se perdido na escuridão. Os grandes homens, digo eu, muitas vezes se regozijam com os golpes da sorte, assim como os soldados corajosos se regozijam com as guerras. Lembro-me de ter ouvido Triumpus, que era um gladiador no reinado de Tibério César, reclamar da escassez de prêmios. "Que época gloriosa", disse ele, "já passou". O valor é ávido por perigo e só pensa aonde quer chegar, não no que vai sofrer, já que até o que vai sofrer faz parte de sua glória. Os soldados se orgulham de seus ferimentos, exibem com alegria o sangue que escorre sobre a couraça. Embora aqueles que retornam sem ferimentos da batalha possam ter agido com a mesma bravura, aquele que retorna ferido é mais admirado. Deus, eu digo, favorece aqueles que Ele deseja que desfrutem das maiores honras, sempre que lhes proporciona os meios para realizar alguma façanha com espírito e coragem, algo que não é fácil de ser realizado. Você pode julgar um piloto em uma tempestade, um soldado em uma batalha. Como posso saber com que grande espírito você poderia suportar a pobreza, se você transborda de riquezas? Como posso saber com quanta firmeza você poderia suportar a desgraça, a desonra e o ódio público, se você envelhece ao som de aplausos, se o favor popular não pode ser afastado de você e parece fluir para você pela inclinação natural da mente dos homens? Como posso saber com que serenidade você suportaria não ter filhos, se vê todos os seus filhos ao seu redor? Eu ouvi o que você disse quando estava consolando os outros, então eu deveria ter visto se você poderia ter consolado a si mesmo, se poderia ter proibido a si mesmo de sofrer. Peço-lhes que não temam as coisas que os deuses imortais aplicam em nossas mentes como esporas. O infortúnio é a oportunidade da virtude. Aqueles homens que estão estupefatos com o excesso de prazeres e que o contentamento lento mantém como se estivessem atracados em um mar calmo podem ser justamente chamados de infelizes, pois o que quer que lhes aconteça lhes será estranho. Os infortúnios pressionam com mais força aqueles que não os conhecem, porque o jugo parece pesado para o pescoço delicado. O recruta fica pálido ao pensar em um ferimento; o veterano, que sabe que muitas vezes conquistou a vitória depois de perder sangue, olha corajosamente para o próprio sangue que escorre. Da mesma forma, Deus endurece, examina e exercita aqueles a quem Ele prova e ama; aqueles a quem Ele julga que devem ser poupados Ele os mantêm fora da condição de enfrentar seus infortúnios vindouros. Você está enganado se supõe que alguém está isento de infortúnios, pois aquele que prosperou por muito tempo terá sua parte algum dia; aqueles que parecem ter sido poupados, apenas os tiveram adiados. Por que Deus aflige o melhor dos homens com problemas de saúde, tristeza ou outros problemas? Porque no exército os serviços mais perigosos são designados aos soldados mais corajosos. Um general envia suas tropas mais escolhidas para atacar o inimigo em uma emboscada à meia-noite, para fazer o reconhecimento de sua linha de marcha ou para expulsar as guarnições hostis de seus lugares fortes. Nenhum desses homens diz, ao iniciar sua marcha: "O general foi duro comigo", mas sim: "Ele me julgou bem". Que aqueles que são convidados a sofrer o que faz os fracos e covardes chorarem digam da mesma forma: "Deus nos considerou sujeitos dignos de sermos testados e para verificar quanto sofrimento a natureza humana pode suportar". Evite o luxo, evite o prazer pelo qual as mentes dos homens são amolecidas e no qual, a menos que algo ocorra para lembrá-los do destino comum da humanidade, eles ficam inconscientes, como se estivessem mergulhados em uma embriaguez contínua. Aquele que as janelas envidraçadas sempre protegeram do vento, cujos pés são aquecidos por fomentações constantemente renovadas, cuja sala de jantar é aquecida por ar quente sob o assoalho e espalhado pelas paredes, não pode enfrentar a brisa mais suave sem perigo. Embora todos os excessos sejam prejudiciais, o excesso de conforto é o mais prejudicial de todos, porque ele afeta o cérebro, leva a mente dos homens a imaginações vãs, espalha uma nuvem espessa sobre os limites da verdade e da falsidade. Não é melhor, com a virtude ao nosso lado, suportar o infortúnio contínuo do que explodir com um excesso interminável de coisas boas? É o estômago sobrecarregado que é dilacerado. A morte trata a fome com mais delicadeza. Os deuses lidam com os homens bons de acordo com a mesma regra dos mestres de escola com seus alunos, que exigem mais tarefas daqueles de quem eles têm mais esperanças. Você imagina que os lacedemônios, que testam a coragem de seus filhos por meio de açoites públicos, não os amam? Seus pais os exortam a suportar corajosamente os golpes da vara e, quando estão dilacerados e meio mortos, pedem-lhes que ofereçam sua pele ferida para receber novas feridas. Por que, então, deveríamos nos surpreender se Deus prova severamente os espíritos nobres? Não pode haver prova fácil de virtude. A sorte nos açoita e mutila, então vamos suportá-la. Não é crueldade, é uma luta, na qual, quanto mais nos envolvermos, mais corajosos nos tornaremos. A parte mais forte do corpo é aquela que é exercitada pelo uso mais frequente, por isso devemos nos confiar à Providência para sermos endurecidos por ela contra ela mesma, uma vez que aos poucos ela nos tornará páreo para ela. A familiaridade com o perigo nos leva a desprezá-lo. Assim, os corpos dos marinheiros são endurecidos pela resistência ao mar, e as mãos dos agricultores pelo trabalho árduo. Os braços dos soldados são poderosos para arremessar dardos, as pernas dos corredores são ativas. É assim com a parte de cada pessoa que ele exercita, tornando-se a mais forte, e pela resistência a mente se torna capaz de desprezar o poder dos infortúnios. Você pode ver o que a perseverança pode fazer em nós se observar o que o trabalho faz entre as tribos que estão nuas e se tornam mais fortes pela necessidade. Observe todas as nações que vivem além do Império Romano. Refiro-me aos alemães e a todas as tribos nômades que guerreiam contra nós ao longo do Danúbio. Eles sofrem com o inverno eterno e com um clima sombrio, o solo estéril lhes é rancoroso, eles protegem a chuva com folhas ou palha, atravessam pântanos congelados e caçam animais selvagens para se alimentar. Você os considera infelizes? Não há infelicidade naquilo que o uso tornou parte de sua natureza, pois aos poucos os homens encontram prazer em fazer o que foram obrigados a fazer por necessidade. Eles não têm casas nem locais de descanso, a não ser aqueles que o cansaço lhes designa para o dia, e sua comida, embora grosseira, deve ser buscada com as próprias mãos. A dureza do clima é terrível, e seus corpos não têm roupas. Isso que você considera uma dificuldade é o modo de vida de todas essas raças. Como, então, você pode se admirar que homens bons sejam abalados para que possam ser fortalecidos? Nenhuma árvore contra a qual o vento não sopra com frequência é firme e forte, pois é endurecida pelo próprio ato de ser sacudida, e planta suas raízes com mais segurança. As que crescem em um vale protegido são frágeis. Portanto, é vantajoso para os homens de bem, e faz que eles não se desanimem, que vivam muito em meio a adversidades, e aprendam a suportar com paciência.

V. Acrescente-se a isso que é vantajoso para todos que os melhores homens estejam, por assim dizer, em serviço ativo e realizem trabalhos. Deus tem o mesmo propósito que o homem sábio, ou seja, provar que as coisas que o rebanho cobiça e teme não são boas nem más em si mesmas. Se, no entanto, Ele as conceder apenas a homens bons, será evidente que são coisas boas, e ruins, se Ele as infligir apenas a homens maus. A cegueira seria execrável se ninguém perdesse os olhos, exceto aqueles que merecem que eles sejam arrancados. Portanto, que Ápio e Metelo sejam condenados à escuridão. As riquezas não são uma coisa boa. Portanto, deixe que Elius, o farsante, as possua, para que os homens que consagraram dinheiro no templo possam ver o mesmo no bordel, pois de nenhuma maneira Deus pode desacreditar os objetos de desejo de forma tão eficaz quanto concedendo-os aos piores homens e removendo-os dos melhores. "Mas", você diz, "é injusto que um homem bom seja enfraquecido, transfixado ou acorrentado, enquanto os homens maus se pavoneiam à vontade com a pele inteira". Não é injusto que homens corajosos portem armas, passem a noite em acampamentos e fiquem de guarda ao longo da muralha com seus ferimentos ainda enfaixados, enquanto dentro da cidade eunucos e libertinos profissionais vivem à vontade? Não é injusto que donzelas da mais alta estirpe sejam acordadas à noite para realizar o serviço divino, enquanto mulheres caídas desfrutam do sono mais profundo? O trabalho exige o melhor homem, e o Senado muitas vezes passa o dia inteiro em debate, ao mesmo tempo que todo canalha se diverte com tempo livre no Campus Martius, ou se esconde em uma taverna, ou passa seu tempo em alguma companhia agradável. A mesma coisa acontece nesta grande comunidade (do mundo): os homens de bem trabalham, gastam e são gastos, e isso por sua vontade; eles não são arrastados pela fortuna, mas a seguem e dão passos iguais a ela, pois se soubessem como, a superariam. Lembro-me, também, de ter ouvido essa frase espirituosa daquele homem de coração mais forte, Demétrio. "Deuses imortais", disse ele, "a única queixa que tenho a fazer a vocês é que não me revelaram sua vontade antes, pois assim eu teria entrado mais cedo no estado de vida para o qual fui chamado agora. Deseja ficar com meus filhos? Foi para você que eu os criei. Deseja ficar com alguma parte do meu corpo? Fique com ela, pois não é grande coisa o que estou lhe oferecendo, logo terei acabado com ela inteira. Por que eu hesitaria em lhe devolver o que você me deu? Tudo o que você pedir receberá com a minha boa vontade. Eu preferiria dá-lo a ser forçado a entregá-lo a você, pois que necessidade você tinha de tirar o que fez? Você poderia tê-lo recebido de mim, mas mesmo assim você não pode tirar nada de mim, porque você não pode roubar um homem a menos que ele resista".

Não sou constrangido a nada, não sofro nada contra minha vontade, tampouco sou escravo de Deus, mas sim seu seguidor voluntário, e tanto mais porque sei que tudo é ordenado e procede de acordo com uma lei que perdura para sempre. Os destinos nos guiam, e a duração dos dias de cada pessoa é decidida na primeira hora de seu nascimento. Toda causa depende de alguma causa anterior, e uma longa cadeia de destino decide todas as coisas, públicas ou privadas. Portanto, tudo deve ser suportado com paciência, porque os eventos não caem em nosso caminho como imaginamos, mas seguem uma lei regular. Há muito tempo foi estabelecido o que deve ser motivo de alegria e o que deve ser motivo de choro e, embora a vida de cada pessoa pareça diferir uma da outra em uma grande variedade de detalhes, a soma total é a mesma: logo pereceremos, e os dons que recebemos logo perecerão. Por que, então, deveríamos nos irritar? Por que deveríamos nos lamentar? Estamos preparados para nosso destino, deixemos que a natureza lide como quiser com seus corpos, fiquemos alegres, aconteça o que acontecer, e reflitamos firmemente que não é nada nosso que perece. Qual é o dever de um homem de bem? Submeter-se ao destino, pois é um grande consolo ser varrido junto a todo o Universo. Qualquer lei que nos seja imposta, de que assim devemos viver e assim devemos morrer, também é imposta aos deuses, uma vez que uma corrente imutável leva humanos e deuses da mesma forma. O próprio criador e governante do Universo, embora tenha dado leis aos destinos, ainda assim é guiado por elas, e sempre obedece, pois só ordenou uma vez. "Mas, por que Deus foi tão injusto em Sua distribuição do destino, a ponto de atribuir pobreza, ferimentos e mortes prematuras a homens bons?". O trabalhador não pode alterar seus materiais, porque essa é a natureza deles. Algumas qualidades não podem ser separadas de outras, mas elas se unem, são indivisíveis. Mentes entorpecidas, tendendo ao sono ou a um estado de vigília exatamente como o sono, são compostas de elementos lentos, e são necessários materiais mais fortes para formar um homem que mereça uma descrição cuidadosa. Seu curso não será direto, ele deve ir para cima e para baixo, ser jogado de um lado para o outro e guiar sua embarcação por águas turbulentas. Ele deve seguir seu caminho a despeito da sorte, e ele encontrará muito do que é duro que deve ser amaciado, muito do que é áspero que deve ser suavizado. O fogo prova o ouro, o infortúnio prova os homens corajosos. Veja quão alto a virtude tem de subir. Você pode ter certeza de que ela não tem um caminho seguro para trilhar.

> O caminho é íngreme no início: os corcéis, embora fortes,
> Recém-saídos de seu descanso, mal conseguem se arrastar;
> A parte do meio fica no topo do céu,
> De onde muitas vezes, como eu, a terra e o mar descubro,
> Eu estremeço, e os terrores se espalham em meu peito.

O final do caminho é uma descida íngreme,
E precisa da orientação cuidadosa da rédea,
Para sempre que eu afundar sob a correnteza,
A velha Tétis treme em suas profundezas
Para que eu não caia de cabeça sobre ela (OVÍDIO, *Metamorfoses*, ii. 63, Phoebus está dizendo a Phaethon como dirigir a carruagem do Sol).

Quando o jovem espirituoso ouviu isso, ele disse: "Não tenho nenhum defeito a encontrar na estrada. Vou subi-la, pois vale a pena passar por esses lugares, mesmo que caia". Seu pai não parou de tentar assustar seu espírito corajoso com terrores.

"Então, também, para que você possa manter seu curso corretamente, e não se desvie nem para a esquerda nem para a direita. Seu caminho deve passar direto pelos chifres caídos do touro. Através do feroz leão e do arco do arqueiro".

Depois disso, Phaethon diz: "Prepare a carruagem que você me cedeu. Estou encorajado por essas coisas com as quais você pensa em me assustar. Anseio por estar onde o próprio Sol treme para estar". A parte dos avarentos e covardes é seguir a trilha segura, mas a coragem ama um caminho elevado.

VI. "No entanto, por que Deus permite que o mal aconteça aos homens bons?". Ele não permite, Ele afasta deles todos os males, como crimes e maldades escandalosas, pensamentos ousados, esquemas gananciosos, luxúrias cegas e avareza que cobiça os bens do próximo. Ele os protege e salva. Será que alguém, além disso, exige que Deus também cuide da bagagem dos homens bons? Ora, eles mesmos deixam o cuidado disso para Deus, uma vez que eles desprezam os acessórios externos. Demócrito renunciou às riquezas, considerando-as um fardo para uma mente virtuosa. Que maravilha, então, se Deus permitir que aconteça a um homem bom o que um homem bom às vezes escolher que aconteça a si mesmo? Os homens bons, você diz, perdem seus filhos, então por que não o fariam, já que às vezes até os matam? São banidos. Por que não seriam, já que às vezes deixam seu país por vontade própria e nunca mais voltam? Eles são mortos. Por que não, já que às vezes escolhem colocar as mãos violentas sobre si mesmos? Por que sofrem certas misérias? É para que possam ensinar aos outros como fazer isso. Eles nascem como modelos. Portanto, imagine que Deus diga: "Vocês, que escolheram a justiça, que queixa podem fazer de mim? Eu envolvi outros homens com coisas boas irreais e enganei suas mentes insanas como se fosse um sonho longo e enganoso. Eu os enfeitei com ouro, prata e marfim, mas dentro deles não há nada de bom. Os homens que você considera afortunados, se pudesse ver, não sua aparência externa, mas sua vida oculta, são na verdade infelizes, mesquinhos e baixos, ornamentados por fora como as paredes de suas casas, já que essa boa fortuna deles não é sólida e genuína, mas é apenas um verniz, e um verniz fino. Portanto, enquanto puderem se manter eretos e se exibirem como quiserem, eles brilham e se impõem, mas quando algo acontecer para abalá-los e desmascará-los veremos quão profunda e real era a podridão escondida por essa magnificência fingida. A vocês dei coisas boas, seguras e duradouras, que se tornam maiores e melhores quanto mais as viramos e as vemos por todos os lados. Concedi-lhes desprezar o perigo, desdenhar a paixão. Você não brilha externamente, todas as suas boas qualidades estão voltadas para dentro e da mesma forma o mundo negligencia o que está fora dele e se regozija na contemplação de si mesmo. Coloquei todas as coisas boas dentro de seu peito, e sua sorte é não precisar de nenhuma boa sorte. "No entanto, muitas coisas lhe acontecem que são tristes, terríveis, difíceis de suportar". Bem, como não fui capaz de removê-las de seu caminho, dei a suas mentes força para combater todas elas. Suportem-nas com coragem. Nisso vocês podem superar o próprio Deus. Ele está além do sofrimento do mal, e vocês estão acima dele. Desprezem a pobreza, pois nenhum homem vive tão pobre quanto nasceu. Desprezem a dor. Ou ela cessará ou vocês cessarão. Desprezem a morte. Ou ela acaba com vocês ou os leva para outro lugar. Desprezem a fortuna, pois não dei a ela nenhuma arma que possa atingir a mente. Acima de tudo, cuidei para que ninguém o mantivesse cativo contra sua vontade. O caminho da fuga está aberto diante de você. Se não escolher lutar, poderá voar. Por essa razão, de todos os assuntos que considerei essenciais para você, nada lhe foi mais fácil do que morrer. Coloquei a vida do homem como se fosse a encosta de uma montanha, e ela logo escorrega. Basta observar e você verá como o caminho para a liberdade é curto e pronto. Não impus atrasos tão longos àqueles que deixam o mundo quanto àqueles que entram nele. Se não fosse assim, a sorte teria um amplo domínio sobre você, se um homem morresse tão lentamente quanto nasce. Deixe que todos os tempos, que todos os lugares lhe ensinem como é simples renunciar à natureza e devolver-lhe seus dons. Diante do próprio altar e durante os ritos solenes do sacrifício, enquanto reza pela vida, aprenda a morrer. Bois gordos caem mortos com um pequeno ferimento, pois um golpe da mão de um homem derruba animais de grande força. As suturas do pescoço são cortadas por uma lâmina fina e, quando a junta que liga a cabeça ao pescoço é cortada, toda essa grande massa cai. O fôlego da vida não está profundamente enraizado nem deve ser liberado apenas pelo aço – os sinais vitais não precisam ser vasculhados por inteiro, mergulhando uma espada neles até o cabo. A morte está perto da superfície, não designei nenhum ponto específico para esses golpes – o corpo pode ser perfurado onde você quiser. O próprio ato que é chamado de morte, pelo qual o fôlego de vida deixa o corpo, é muito curto para que você possa estimar sua rapidez. Se um nó esmaga a traqueia ou se a água interrompe sua respiração, se você cai de cabeça de uma altura e perece no chão duro abaixo, ou se uma boca cheia de fogo impede a respiração, seja o que for, ele age rapidamente. Você não se envergonha de passar tanto tempo temendo o que leva tão pouco tempo para acontecer?".

O SEGUNDO DIÁLOGO DE SÊNECA, DIRIGIDO A SERENUS

"Que o homem sábio não pode receber injúria nem insulto; ou Ensaio sobre a firmeza do homem sábio"

I. Eu poderia realmente dizer, Serenus, que há uma diferença tão grande entre os estoicos e as outras seitas de filósofos quanto entre homens e mulheres, uma vez que cada classe contribui com uma parte igual para a sociedade humana, mas um nasce para comandar, o outro para obedecer. Os outros filósofos lidam conosco de forma gentil e persuasiva, assim como nossos médicos de família costumam fazer com nossos corpos, tratando-os não pelo método melhor e mais curto, mas por aquele que lhes permitimos empregar, ao passo que os estoicos adotam um curso viril e não se importam em parecer atraentes para aqueles que estão entrando nele, mas que ele nos tire do mundo o mais rápido possível e nos leve àquela eminência elevada que está tão além do alcance de qualquer arma acima do alcance da própria Providência. "Mas o caminho pelo qual somos solicitados a subir é íngreme e irregular". Então, as alturas podem ser alcançadas por um caminho plano? Elas não são tão íngremes e precipitadas como alguns pensam. É apenas a primeira parte que tem rochas e penhascos e nenhuma saída aparente, assim como muitas colinas vistas de muito longe parecem abruptamente íngremes e unidas, porque a distância engana nossa visão, e então, à medida que nos aproximamos, essas mesmas colinas que nossos olhos equivocados tinham transformado em uma só gradualmente se desdobram, e as partes que pareciam precipitadas de longe assumem um contorno suavemente inclinado. Quando há pouco mencionamos Catão, você, cuja mente se revolta com a injustiça, ficou indignado com o fato de a própria idade de Catão tê-lo compreendido tão pouco, com o fato de ter atribuído um lugar abaixo de Vatínio a alguém que se elevava acima de César e Pompeu. Parecia-lhe vergonhoso que, quando ele falava contra alguma lei no Fórum, sua toga lhe fosse arrancada e que ele fosse empurrado pelas mãos de uma turba amotinada desde a Rostra até o arco de Fábio, suportando todos os palavrões, cusparadas e outros insultos da turba frenética.

II. Respondi, então, que você tinha boas razões para estar ansioso em nome da comunidade, que Públio Clódio, de um lado, Vatínio e todos os maiores canalhas, de outro, estavam colocando à venda e, levados por sua cobiça cega, não entendiam que, quando a vendiam, eles mesmos eram vendidos com ela. Eu lhes disse para não temerem o próprio Catão, porque o homem sábio não pode receber injúrias nem insultos, e é mais certo que os deuses imortais tenham dado Catão como modelo de homem sábio para nós do que Ulisses ou Hércules para as eras anteriores, pois esses nossos estoicos declararam que eram homens sábios, não conquistados pelo trabalho, desprezadores do prazer e superiores a todos os terrores. Catão não matou feras selvagens, cuja perseguição pertence a caçadores e compatriotas, tampouco exterminou criaturas fabulosas com fogo e espada nem viveu em uma época que era possível acreditar que os céus poderiam ser sustentados nos ombros de um homem. Em uma época que havia se livrado da crença em superstições antiquadas e levado o conhecimento material a seu ponto mais alto, ele teve de lutar contra aquele monstro de muitas cabeças, a ambição, contra aquele desejo ilimitado de poder que o mundo inteiro dividido entre três homens não poderia satisfazer. Somente ele resistiu aos vícios de um Estado desgastado, afundando na ruína por causa do próprio volume. Ele sustentou a comunidade em declínio tanto quanto poderia ser sustentada pela mão de um homem, até que finalmente seu apoio foi retirado, e ele compartilhou o desastre que havia evitado por tanto tempo, perecendo com aquilo de que não era lícito separá-lo. Catão não sobreviveu à liberdade nem a liberdade sobreviveu a Catão. Acham que o povo poderia fazer algum mal a um homem assim, quando lhe arrancaram o cargo de pretor ou a toga? Quando cobriram sua cabeça sagrada com o enxágue de suas bocas? O homem sábio está seguro, e nenhum dano ou insulto é capaz de o atingir.

III. Acho que estou vendo seu temperamento excitado e em ebulição. Você está se preparando para exclamar: "Essas são as coisas que tiram todo o peso de suas máximas; você promete grandes coisas, tais como eu sequer desejaria, muito menos acreditaria ser possível, e então, depois de todas as suas palavras corajosas, embora você diga que o homem sábio não é pobre, você admite que ele frequentemente carece de empregados, abrigo e comida. O senhor diz que o sábio não é louco, mas admite que às vezes ele perde a razão, fala bobagens e é levado às ações mais loucas pelo estresse de seu distúrbio. Quando diz que o homem sábio não pode ser um escravo, não nega que ele será vendido, cumprirá ordens e fará serviços braçais a mando de seu mestre. Portanto, apesar de toda a sua aparência orgulhosa, você desce ao nível de todos os outros e simplesmente chama as coisas por nomes diferentes. Consequentemente, suspeito que algo desse tipo se esconde por trás dessa máxima, que à primeira vista parece tão bela e nobre, 'que o homem sábio não pode receber injúrias nem insultos'".

"Faz muita diferença se você declarar que o homem sábio está além de sentir ressentimento ou além de receber injúrias, pois se você disser que ele suportará calmamente ele não terá nenhum privilégio especial nisso em razão de ter desenvolvido uma qualidade muito comum e que é aprendida pela longa resistência ao próprio erro, a saber, a paciência. Se o senhor declarar que ele nunca poderá receber uma ofensa, ou seja, que ninguém tentará lhe fazer uma, então eu abandonarei todas as minhas ocupações na vida e me tornarei um estoico".

Meu objetivo não foi decorar o sábio com meras honras verbais imaginárias, mas sim o elevar a uma posição em que nenhum dano o poderá atingir. "O quê? Não haverá ninguém para provocá-lo, para tentar prejudicá-lo?". Não há nada na Terra que seja tão sagrado a ponto de não ser passível de sacrilégio. No entanto, as coisas sagradas existem nas alturas, mas não menos porque há homens que atacam uma grandeza que está muito acima deles mesmos, embora sem esperança de a alcançar. O invulnerável não é aquele que nunca é atingido, mas sim aquele que nunca é ferido. Nessa classe, mostrarei a vocês o homem sábio. Podemos duvidar que a força que nunca é superada em uma luta é mais confiável do que aquela que nunca é desafiada, visto que o poder não testado não é confiável, ao passo que a solidez que rechaça todos os ataques é merecidamente considerada a mais confiável de todas? Da mesma forma, você pode saber que o homem sábio, se nenhum ferimento o machucar, é de um tipo mais elevado do que se nenhum lhe for oferecido, e eu o chamaria de homem corajoso a quem a guerra não subjuga e a violência do inimigo não assusta, e não aquele que desfruta de luxuosa tranquilidade em meio a um povo preguiçoso. Digo, então, que tal homem sábio é invulnerável a todo ferimento, porque não importa quantos dardos sejam lançados contra ele, já que ele não pode ser perfurado por nenhum deles. Assim como a dureza de algumas pedras é impermeável ao aço, e o diamante não pode ser cortado, quebrado ou triturado, mas embota todos os instrumentos usados contra ele. Assim como algumas coisas não podem ser destruídas pelo fogo, mas quando cercadas pela chama ainda retêm sua dureza e forma. Assim como alguns penhascos altos e salientes quebram as ondas do mar e, embora sejam açoitados por elas durante muitos séculos, ainda assim não mostram traços de sua fúria, a mente do homem sábio é firme e acumula tanta força que é tão segura contra ferimentos quanto qualquer uma das coisas que mencionei.

IV. "E então? Não haverá ninguém que tentará ferir o homem sábio?". Sim, alguém tentará, mas o dano não o atingirá, pois ele está separado do contato de seus inferiores por uma distância tão grande que nenhum impulso maligno pode reter seu poder de dano até que o alcance. Mesmo quando homens poderosos, elevados a posições de alta autoridade e fortes na obediência de seus dependentes se esforçam para o ferir, todos os seus dardos caem tão longe de sua sabedoria quanto aqueles que são disparados para cima por cordas de arco ou catapultas, que, embora se elevem tão alto a ponto de ficarem fora de vista, ainda assim caem novamente sem alcançar os céus. Por que você acha que quando aquele rei estúpido [Xerxes] ofuscou a luz do dia com a multidão de seus dardos, sequer uma flecha de todas elas atingiu o Sol? Ou que quando ele lançou suas correntes nas profundezas não foi capaz de alcançar Netuno? Assim como as coisas sagradas escapam das mãos dos homens, e nenhum dano é causado à divindade por aqueles que destroem templos e derretem imagens, quem quer que tente tratar o sábio com impertinência, insolência ou desprezo o faz em vão. "Seria melhor", diz você, "se ninguém desejasse fazer isso". Você está expressando um desejo de que toda a raça humana fosse inofensiva, o que dificilmente pode ser;

além disso, aqueles que ganhariam se tais erros não fossem cometidos são aqueles que os cometeriam, não aquele que não poderia sofrer com eles mesmo que fossem cometidos. Não sei se a sabedoria não é melhor demonstrada pela calma em meio a aborrecimentos, assim como a maior prova da força de um general consiste em sua tranquilidade e confiança em meio a um país inimigo.

V. Se você achar conveniente, meu Serenus, vamos distinguir entre lesão e insulto. A primeira é naturalmente a mais dolorosa, ao passo que a segunda é menos importante, e é dolorosa apenas para os de pele fina, uma vez que irrita as pessoas, mas não as fere. No entanto, tal é a fraqueza da mente dos homens que muitos pensam que não há nada mais amargo do que o insulto. Assim, você encontrará escravos que preferem ser açoitados a levar um tapa, e que acham que açoites e morte são mais suportáveis do que palavras insultuosas. Chegamos a tal ponto de absurdo que sofremos não apenas com a dor, mas também com a ideia de dor, como as crianças, que ficam aterrorizadas com a escuridão, máscaras deformadas e rostos distorcidos, e cujas lágrimas correm ao ouvir nomes desagradáveis aos seus ouvidos, ao movimento de nossos dedos e outras coisas das quais elas ignorantemente se esquivam com uma espécie de espasmo equivocado. O objetivo que a injúria propõe a si mesma é fazer o mal a alguém. Ora, a sabedoria não deixa espaço para o mal, porque para ela o único mal é a baixeza, que não pode entrar no lugar já ocupado pela virtude e pela honra. Se, portanto, não pode haver injúria sem maldade, e nenhuma maldade sem baixeza, e a baixeza não pode encontrar lugar em um homem que já está cheio de honra, segue-se que nenhuma injúria pode atingir o homem sábio, pois se a injúria é a resistência a algum mal, e o homem sábio não pode suportar nenhum mal, segue-se que nenhuma injúria tem efeito sobre o homem sábio. Toda injúria resulta na diminuição daquilo que ela afeta, e ninguém pode sofrer uma injúria sem alguma perda de sua dignidade, ou de alguma parte de seu corpo, ou de alguma das coisas externas a nós mesmos. Mas o sábio não pode perder nada. Ele investiu tudo em si mesmo, não confiou nada à fortuna, tem sua propriedade em segurança, e está satisfeito com a virtude, que não precisa de acessórios casuais e, portanto, não pode ser aumentada nem diminuída. A virtude, por ter alcançado a posição mais elevada, não tem espaço para acréscimos a si mesma, e a fortuna não pode tirar nada além do que ela deu. Ora, a fortuna não dá a virtude. Portanto, ela não a tira. A virtude é livre, inviolável, não pode ser movida, não pode ser abalada e é tão resistente aos infortúnios que não pode ser dobrada, muito menos vencida por eles. Ela olha sem hesitação enquanto as torturas estão sendo preparadas para ela, não muda o semblante, quer a miséria ou o prazer lhe sejam oferecidos. O homem sábio, portanto, não pode perder nada de cuja perda ele seja sensível, pois sua propriedade é apenas a virtude, de quem nunca pode ser tirada. Ele desfruta de todas as outras coisas ao bel-prazer da fortuna, mas quem se entristece com a perda do que não é seu? Se a injúria não pode ferir nenhuma dessas coisas que são propriedade peculiar do homem sábio, porque enquanto sua virtude estiver segura é impossível que uma injúria seja feita a um homem sábio. Demétrio, que tinha o sobrenome de Poliórcetes,[28] tomou Megara, e o filósofo Estilpo, quando lhe perguntaram se ele havia perdido alguma coisa, respondeu: "Não, tenho todos os meus bens comigo". No entanto, sua herança havia sido entregue à pilhagem, suas filhas haviam sido ultrajadas pelo inimigo, seu país havia caído sob o domínio estrangeiro, e foi o rei, entronizado no alto, cercado pelas lanças de suas tropas vitoriosas, que lhe fez essa pergunta. No entanto, ele arrancou a vitória das mãos do rei e provou que, embora a cidade tivesse sido tomada, ele próprio não só não havia sido conquistado, mas também não estava ferido, pois levava consigo os verdadeiros bens que ninguém pode pôr as mãos. O que estava sendo saqueado e levado para lá e para cá ele não considerava como seu, mas como meras coisas que vêm e vão ao sabor da sorte. Portanto, ele não as amava como suas, pois a posse de todas as coisas que vêm de fora é escorregadia e insegura.

VI. Considere agora se algum ladrão, ou falso acusador, ou vizinho obstinado, ou homem rico desfrutando do poder conferido por uma velhice sem filhos, poderia causar algum dano a esse homem, de quem nem a guerra nem um inimigo cuja profissão era a nobre arte de derrubar muralhas da cidade poderiam tirar qualquer coisa. Em meio ao clarão

---

28 Refere-se a Demétrio I (337 a.C.-283 a.C.), cognominado Poliórcetes, que reinou na Macedônia entre 294 a 288 a.C.

das espadas de todos os lados e ao tumulto dos soldados saqueadores, em meio às chamas, ao sangue e à ruína da cidade destruída, em meio ao estrondo dos templos caindo sobre seus deuses, um homem estava em paz. Portanto, não precisa considerar isso uma ostentação imprudente, pela qual eu lhe darei uma garantia, se minhas palavras forem em vão. De fato, dificilmente você acreditaria que tanta constância ou tanta grandeza de espírito pertencesse a qualquer homem, mas aqui surge um homem para provar que você não tem razão para duvidar de que apenas um humano pode se elevar acima das necessidades humanas, pode tranquilamente contemplar dores, perdas, doenças, ferimentos e grandes convulsões naturais rugindo ao seu redor, pode suportar a adversidade com calma e a prosperidade com moderação, não cedendo à primeira nem confiando na segunda, que ele pode permanecer o mesmo em meio a todas as adversidades sem pensar em nada que seja seu, exceto ele mesmo, e ele mesmo apenas no que diz respeito à sua parte melhor. "Veja", diz ele, "estou aqui para provar a você que, embora, sob a direção daquele destruidor de tantas cidades, as muralhas possam ser abaladas, que torres elevadas possam ser subitamente derrubadas por galerias e minas ocultas, e montes se ergam tão alto que rivalizem com a mais alta cidadela, e mesmo assim não possa descobrir nenhum mecanismo de cerco capaz de abalar uma mente bem estabelecida. Acabo de me arrastar por entre as ruínas de minha casa e, com conflagrações ardendo ao redor, escapei das chamas com sangue. Não sei qual foi o destino de minhas filhas, se foi pior do que o de seu país. Sozinho e idoso, e vendo tudo ao meu redor nas mãos do inimigo, ainda assim declaro que minha propriedade está inteira e intocada. Tenho e mantenho tudo o que já tive. Não há razão para você supor que eu tenha sido conquistado e que você seja meu conquistador. Foi sua sorte que superou a minha. Quanto aos bens efêmeros que mudam de dono, não sei onde estão, uma vez que aqueles que pertencem a mim estão comigo e sempre estarão. Vejo homens ricos que perderam suas propriedades, homens luxuriosos que perderam seus amores, as cortesãs que eles acariciavam à custa de muita vergonha, homens ambiciosos que perderam o Senado, os Tribunais, os lugares separados para a exibição pública dos vícios dos homens, contadores que perderam seus livros de contabilidade, nos quais a avareza desfrutava em vão de uma riqueza irreal. Mas eu possuo tudo inteiro e ileso. Deixe-me e vá perguntar àqueles que estão chorando e lamentando a perda de seu dinheiro, que estão oferecendo seus peitos nus a espadas desembainhadas em sua defesa, ou que estão fugindo do inimigo com bolsos pesados". Veja então, Serenus, que o homem perfeito, cheio de virtudes humanas e divinas, não pode perder nada, pois seus bens estão cercados por muros fortes e intransponíveis. Não se pode comparar com elas as muralhas da Babilônia, nas quais Alexandre entrou, tampouco as fortificações de Cartago e Numântia, conquistadas por uma mesma mão [Cipião] nem o Capitólio e a cidadela de Roma, que estão marcados com as marcas dos insultos dos vencedores. As muralhas que protegem o homem sábio estão a salvo do fogo e da invasão hostil, elas não dão passagem, são elevadas, inexpugnáveis, divinas.

VII. O senhor não tem motivo para dizer, como costuma fazer, que o estoicismo não se encontre em lugar algum. Não o inventamos como uma glória irreal da raça humana nem concebemos uma sombra poderosa de uma inverdade, mas o exibimos e o exibiremos exatamente como o esboçamos, embora talvez ele possa ser incomum, e apenas um apareça em longos intervalos, pois o que é grande e transcende o tipo comum ordinário não é produzido com frequência. O próprio Catão, cuja menção deu início a esta discussão, era um homem que, imagino, superava até nosso modelo. Além disso, aquilo que fere deve ser mais forte do que aquilo que é ferido. Ora, a maldade não é mais forte do que a virtude. Portanto, o homem sábio não pode ser ferido. Somente os maus tentam ferir os bons. Os homens bons estão em paz entre si, e os maus são igualmente perversos com os bons e uns com os outros. Se um homem não pode ser ferido por alguém mais fraco do que ele, e se um homem mau é mais fraco do que um bom, e se os bons não têm nenhum dano a temer, exceto por alguém diferente deles mesmos, então, nenhum dano é causado ao sábio, pois, a essa altura não preciso lembrá-lo de que ninguém, exceto o sábio, é bom.

"Se", diz nosso adversário, "Sócrates foi condenado injustamente, ele recebeu uma injúria". Nesse ponto, é necessário que tenhamos em mente que é possível que alguém me faça um dano e, ainda assim, eu não o receba, como se alguém roubasse algo de minha casa no campo e o deixasse em minha casa na cidade, esse homem cometeria um roubo, mas eu não perderia nada. Um homem pode se tornar malicioso e, ainda assim, não fazer nenhum mal de fato, porque se um homem se deitar com a própria esposa como se ela fosse uma estranha ele cometerá adultério, mas sua esposa não. Se um homem me der veneno e o veneno perder sua força quando misturado com comida, esse homem, ao administrar o veneno, torna-se um criminoso, mesmo que não tenha feito mal algum. Um homem não é menos bandido pelo fato de sua espada ficar emaranhada nas roupas da vítima e errar o alvo. Todos os crimes, no que diz respeito à sua criminalidade, são concluídos antes que a ação seja de fato realizada. Alguns crimes são de tal natureza e estão vinculados a tais condições que a primeira parte pode ocorrer sem a segunda, embora a segunda não possa ocorrer sem a primeira. Vou me esforçar para explicar essas palavras. Posso mover meus pés e ainda assim não correr, mas não posso correr sem mover meus pés. Posso estar na água sem nadar, mas se eu nadar não posso deixar de estar na água. O assunto de que estamos tratando é deste tipo: se eu receber um ferimento é necessário que alguém o tenha feito a mim, mas se um ferimento foi feito a mim não é necessário que eu o tenha recebido, pois muitas circunstâncias podem intervir para evitar o ferimento, por exemplo, algo atingir a mão que está mirando em nós, e o dardo, depois de lançado, se desviar. Assim, ferimentos de todos os tipos podem, por certas circunstâncias, ser interceptados no meio do caminho, de modo que podem ser feitos e ainda assim não recebidos.

VIII. Além disso, a justiça não pode sofrer nada injusto, porque os contrários não podem coexistir. Uma injúria só pode ser feita injustamente; portanto, uma injúria não pode ser feita ao homem sábio. Tampouco é de se admirar que ninguém possa lhe fazer um dano, pois também ninguém pode lhe prestar um bom serviço. O sábio não tem nada que possa aceitar como presente, e o homem mau não pode dar nada que seja digno da aceitação do sábio, pois ele precisa possuir antes de poder dar, e ele não possui nada que o sábio ficaria feliz em receber. Consequentemente, ninguém pode fazer mal ou bem ao sábio, porque as coisas divinas não querem ajuda nem podem ser prejudicadas, e o sábio está próximo, na verdade, muito próximo dos deuses, sendo como um deus em todos os aspectos, exceto pelo fato de ser mortal. À medida que ele avança e segue seu caminho em direção à vida que é sublime, bem ordenada, sem medo, seguindo um curso regular e harmonioso, tranquila, benéfica, feita para o bem da humanidade, útil tanto para si mesmo quanto para os outros, ele não desejará nem chorará por nada que seja degradante. Aquele que, confiando na razão, passa pelos assuntos humanos com uma mente divina, não tem como ser prejudicado.

Você acha que estou me referindo a alguém inexistente? Ele não pode ser prejudicado sequer pela fortuna, que, sempre que disputa com a virtude, sempre se retira derrotada. Se aceitarmos com uma mente tranquila e imperturbável o maior terror de todos, além do qual as leis furiosas e os mestres mais cruéis não têm nada a nos ameaçar, no qual o domínio da fortuna está contido – se soubermos que a morte não é um mal e, portanto, também não é um dano, suportaremos com muito mais facilidade as outras coisas, como perdas, dores, desgraças, mudanças de residência, lutos e separações, que não oprimem o homem sábio, mesmo que lhe sobrevenham todas de uma vez, e muito menos ele se entristece quando elas o atacam separadamente. E se ele suporta tranquilamente as injúrias da fortuna, quanto mais suportará as dos homens poderosos, que ele sabe serem as mãos da fortuna.

IX. Portanto, o sábio suporta tudo com o mesmo espírito com o qual suporta o frio do inverno e as severidades do clima, febres, doenças e outros acidentes fortuitos, e não sustenta uma opinião tão elevada de qualquer homem a ponto de supor que ele age com um propósito definido, o que pertence somente ao homem sábio. Todos os outros homens não têm planos, mas apenas conspirações, enganos e impulsos irregulares da mente, que ele considera o mesmo que puro acidente. Ora, o que depende de puro acidente não pode nos cercar de forma planejada. O sábio reflete, também, que as maiores fontes de dano podem ser encontradas naquelas coisas por meio das quais o perigo é procurado contra nós, por exemplo, por um acusador subornado, ou uma acusação falsa, ou pelo incitamento contra nós da ira de grandes homens, e as outras formas de banditismo da vida civilizada. Outro tipo comum de injúria é quando uma pessoa perde algum lucro ou prêmio que há muito tempo vinha buscando, quando uma herança que ela se esforçou muito para tornar sua é deixada para outra pessoa, ou quando o favor de alguma casa nobre, por meio da qual ela obtém grandes ganhos, lhe é tirado. O homem sábio escapa de tudo isso, pois não sabe o que é viver pela esperança ou pelo medo. Acrescente-se a isso o fato de que ninguém recebe uma injúria sem se comover, mas fica perturbado com o sentimento dela. Ora, o homem livre de erros não se perturba, pois ele é senhor de si mesmo, desfrutando de um profundo e tranquilo repouso mental. Caso uma injúria o atinja, ela o comove e o desperta. Mas o homem sábio não tem raiva, que é causada pela aparência de uma injúria, e ele não poderia estar livre da raiva a menos que também estivesse livre de injúrias, que ele sabe que não podem lhe ser feitas, por isso ele é tão íntegro e alegre, por isso ele está exultante com alegria constante. No entanto, ele está tão longe de se esquivar do encontro com as circunstâncias ou com outras pessoas que faz uso da própria injúria para se testar e testar sua virtude. Suplico-lhes que mostrem favor a essa tese e ouçam com ouvidos e mentes imparciais enquanto o homem sábio estiver isento de injúrias, pois nada é assim retirado de sua insolência, de seus desejos mais gananciosos, de sua imprudência cega e de seu orgulho. É sem prejuízo de seus vícios que essa liberdade é buscada para o homem sábio. Não nos esforçamos para impedir que faça uma injúria, mas para o capacitar a afundar todas as injúrias sob si mesmo e proteger-se delas por sua grandeza de espírito. Assim, nos jogos sagrados, muitos conquistaram a vitória suportando pacientemente os golpes de seus adversários e, dessa forma, os cansando. Pense que o homem sábio pertence a essa classe, a dos homens que, pela prática longa e fiel, adquiriram força para suportar e cansar toda a violência de seus inimigos.

 X. Uma vez que já discutimos a primeira parte de nosso assunto, passemos à segunda, na qual provaremos por meio de argumentos, alguns dos quais são nossos, mas que em sua maior parte são lugares-comuns estoicos, que o homem sábio não pode ser insultado. Há uma forma menor de injúria, da qual devemos nos queixar em vez de nos vingar, e que as leis também consideraram não merecer nenhuma punição especial. Essa paixão é produzida por uma mente mesquinha que se retrai diante de qualquer ato ou ação que a trate com desrespeito. "Ele não me admitiu em sua casa hoje, embora tenha admitido outros; ou ele se afastou com altivez ou riu abertamente quando eu falei"; ou "ele me colocou no jantar, não no sofá do meio (o lugar de honra), mas no mais baixo", bem como outros assuntos do mesmo tipo, que eu não posso chamar de nada além de lamentações de um espírito enjoado. Esses assuntos afetam principalmente as pessoas prósperas e com uma educação luxuosa, pois aqueles que são pressionados por males piores não têm tempo para perceber coisas como essas. Por causa da ociosidade excessiva as disposições naturalmente fracas e propensas a se entregarem a fantasias por falta de ferimentos reais são perturbadas por essas coisas, a maior parte das quais surge de um mal-entendido. Portanto, aquele que é afetado por um insulto mostra que não possui nem bom senso nem confiança, uma vez que considera certo ser desprezado, e esse vexame o afeta com um certo senso de degradação em razão de ele se apagar e seguir para um quarto mais baixo, ao passo que o sábio não é desprezado por ninguém, pois conhece a própria grandeza, dá a si mesmo a entender que não permite que ninguém tenha tal poder sobre ele e, quanto ao que eu não chamaria de angústia, mas de inquietação mental, ele não a supera e sequer a sente. Algumas outras coisas atingem o sábio, embora não abalem seus princípios, como a dor e a fraqueza física, a perda de amigos e filhos e a ruína de seu país em tempos de guerra. Não digo que uma pessoa sábia não sinta essas coisas, pois não atribuímos a ela a dureza da pedra ou do ferro. Não há virtude que não esteja consciente de sua resistência. O que ela faz então? Ela recebe alguns golpes, mas quando os recebe, torna-se superior a eles, cura-os e põe fim a eles, essas coisas mais triviais ele nem sente nem faz uso de sua fortaleza acostumada na resistência ao mal contra elas, não toma conhecimento delas ou as considera merecedoras de serem ridicularizadas.

XI. Além disso, como a maioria dos insultos provém daqueles que são altivos e arrogantes e suportam mal sua prosperidade, uma pessoa sábia tem algo para repelir essa paixão altiva, a saber, a mais nobre de todas as virtudes, a magnanimidade, que passa por cima de tudo isso como se fossem aparições irreais em sonhos e visões da noite, que nada têm de substancial ou verdadeiro. Ao mesmo tempo, ela reflete que todas as pessoas são muito baixas para se aventurarem a olhar para o que está tão acima delas. A palavra latina "contumélia" é derivada do vocábulo "insulto", isto é, ninguém faz uma injúria a outrem a menos que o despreze, e ninguém pode tratar seus mais velhos e superiores com desprezo, mesmo que faça o que as pessoas desdenhosas costumam fazer. As crianças batem no rosto de seus pais, os bebês amassam e rasgam o cabelo de sua mãe, cospem nela e expõem o que deveria estar coberto diante dela, e não se esquivam de usar linguagem suja. No entanto, não chamamos nenhuma dessas coisas de desprezo. E por quê? Porque aquele que faz isso não é capaz de demonstrar desprezo. Pela mesma razão, a maledicência de nossos escravos contra seus senhores nos diverte, pois a ousadia deles só ganha licença para se exercitar à custa dos convidados se começarem pelo senhor, e quanto mais desprezível e mais objeto de escárnio cada um deles for, maior será a licença que ele dará à sua língua. Alguns compram meninos escravos para esse fim, cultivam sua malandragem e os mandam para a escola para que possam desabafar calúnias premeditadas, que não chamamos de insultos, mas de ditos inteligentes. No entanto, que loucura, em um momento se divertir e em outro se afrontar com a mesma coisa, e chamar uma frase de ultraje quando dita por um amigo e de uma divertida peça de malícia quando usada por um menino escravo!

XII. No mesmo espírito como lidamos com os meninos, uma pessoa sábia lida com todos aqueles cuja infância ainda perdura depois que sua juventude passou e seus cabelos estão brancos. O que os seres humanos lucram com a idade quando sua mente tem todas as falhas da infância e seus defeitos são intensificados pelo tempo? Quando eles diferem das crianças apenas no tamanho e na aparência de seus corpos, e são igualmente instáveis e caprichosos, ávidos por prazer sem discriminação, tímidos e quietos por medo, e não por disposição natural? Não se pode dizer que tais pessoas se diferenciam das crianças porque os últimos são ávidos por ossos, nozes e moedas de cobre, ao passo que os primeiros são ávidos por ouro, prata e cidades; porque os últimos brincam entre si de serem magistrados e imitam o manto púrpura do Estado, os machados dos lictores e o assento do juiz, ao passo que os primeiros brincam com as mesmas coisas a sério no Campus Martius e nos tribunais de justiça;

porque os últimos amontoam a areia à beira-mar à semelhança de casas, ao passo que os primeiros, com ares de estarem envolvidos em negócios importantes, dedicam-se a empilhar pedras, paredes e telhados até transformarem o que era destinado à proteção do corpo em um perigo para ele? As crianças e as pessoas de idade mais avançada cometem o mesmo erro, mas as últimas lidam com coisas diferentes e mais importantes. O sábio, portanto, tem toda a razão de tratar as afrontas que recebe de tais pessoas como brincadeiras e, às vezes, ele as corrige, como faria com as crianças, por meio de dor e punição, não porque tenha recebido uma ofensa, mas porque elas a cometeram e para que não o façam mais. Assim, castigamos os animais com açoites, mas não ficamos zangados com eles quando se recusam a carregar seu cavaleiro, mas os refreamos para que a dor possa vencer sua obstinação. Agora, portanto, vocês sabem a resposta para a pergunta que nos foi feita: "Por que, se o homem sábio não recebe injúria nem insulto, ele pune aqueles que fazem essas coisas?". Ele não se vinga, mas os corrige.

XIII. O que, então, impede que você acredite que essa força de espírito pertence ao sábio, quando você pode ver a mesma coisa existindo em outros, embora não pela mesma causa? Uma pessoa sábia mantém em suas relações com todas as outras pessoas esse mesmo hábito mental que o médico adota ao lidar com seus pacientes, cujas partes vergonhosas ele não despreza manusear caso precisem de tratamento, tampouco olhar para suas evacuações sólidas e líquidas nem suportar suas reprovações quando frenéticos pela doença. O sábio sabe que todos aqueles que se pavoneiam em togas com bordas púrpuras, saudáveis e coroados, são pessoas com doença cerebral, que ele considera doentes e cheias de loucuras. Portanto, ele não se irrita se eles, em sua doença, presumirem se comportar de forma um tanto impertinente em relação ao seu médico e, no mesmo espírito em que não dá valor aos títulos de honra deles, ele dará pouco valor aos atos de desrespeito a si mesmo. Ele não se elevará em sua estima se um mendigo lhe fizer a cortesia, e não considerará uma afronta se um dos mais pobres do povo não retribuir sua saudação. Da mesma forma, ele não se admirará, mesmo que muitas pessoas ricas o admirem, pois sabe que elas não diferem em nada dos mendigos – ou melhor, são até mais miseráveis do que eles, pois os mendigos querem apenas um pouco, ao passo que as pessoas ricas querem muito. Além disso, um sábio não se comoverá se o rei dos medos, ou Átalo, rei da Ásia, passar por ele em silêncio com um ar desdenhoso ao cumprimentá-lo, pois sabe que a posição de tal homem não tem nada que a torne mais invejável do que a do homem cujo dever, em uma grande casa, é manter em ordem os criados doentes e loucos. Será que ficarei chateado se um daqueles que fazem negócios no templo de Castor, comprando e vendendo escravos sem valor, não retribuir minha saudação, um homem cujas lojas estão lotadas com multidões dos piores servos? Não creio, pois, que bem pode haver em um homem que possui apenas homens maus? Assim como o homem sábio é indiferente à cortesia ou incivilidade de tal homem, ele também é indiferente à cortesia ou incivilidade de um rei. "Você possui", diz ele, "os partos[29] e os bactrianos,[30] mas eles são homens que você mantém em ordem pelo medo, são pessoas cuja posse proíbe você de desamarrar o arco, são inimigos ferozes, à venda e ansiosos por um novo mestre". Portanto, ele não se deixará abalar por um insulto de qualquer homem, pois embora todos os homens sejam diferentes uns dos outros, o sábio os considera iguais por causa de sua igual insensatez. Se ele se rebaixar a ponto de ser afetado por uma injúria ou por um insulto, nunca mais poderá se sentir seguro depois disso, e a segurança é a vantagem especial do homem sábio, e ele não será culpado de mostrar respeito ao homem que lhe fizer uma injúria ao admitir que recebeu uma, porque necessariamente se segue que aquele que estiver inquieto com o desprezo de alguém valorizaria a admiração dessa pessoa.

XIV. Alguns homens são tão loucos que imaginam ser possível que uma mulher lhes faça uma afronta. O que importa quem ela seja, quantos escravos carreguem sua liteira, quão pesadamente suas orelhas estejam carregadas, quão macio seja seu assento? Ela é sempre a mesma criatura irrefletida e, a menos que possua conhecimento adquirido e muito aprendizado, é feroz e apaixonada em seus desejos. Alguns se irritam ao serem sacudidos por uma bateria de questionamentos e chamam de

---
29 Habitante do Império Parta ou Parto (247 a.C.-224 d.C.), também chamado Império Arsácida, uma das principais potências político-culturais iranianas da Pérsia Antiga.
30 Povo de uma região histórica da Ásia Central cuja capital era a cidade de Bactro.

insultos a relutância do porteiro de um grande homem em abrir a porta, o orgulho de seu nomenclador[31] ou o desdém de seu camareiro. Oh! que riso se pode obter de tais coisas, com que diversão a mente pode se encher quando contrasta as loucuras frenéticas dos outros com sua paz! "Como, então, o homem sábio não se aproximará de portas guardadas por um porteiro rude?". Se alguma necessidade o chamar, ele o experimentará, por mais feroz que seja, o amansará como se amansa um cachorro oferecendo-lhe comida, e não se enfurecerá por ter de gastar dinheiro com a entrada, refletindo que em certas pontes também é preciso pagar pedágio. Da mesma forma, ele pagará sua taxa a quem quer que administre essa receita de deixar entrar os visitantes, pois sabe que os homens costumam comprar tudo o que é oferecido para venda. Um homem demonstra um espírito pobre se estiver satisfeito consigo mesmo por ter respondido ao porteiro de forma cavalheiresca, quebrado seu cajado, forçado a entrada na presença de seu mestre e exigido que o chicoteassem. Aquele que luta com um homem se torna rival desse homem e deve estar em igualdade de condições com ele antes de o vencer. Mas, o que o homem sábio fará quando receber uma algema? Ele fará como Catão fez quando foi atingido no rosto. Ele não se exaltou e se vingou do ultraje, ele sequer o perdoou, mas o ignorou, mostrando mais magnanimidade em não reconhecê-lo do que se o tivesse perdoado. Não vamos nos alongar muito sobre esse ponto, pois quem não sabe que nenhuma das coisas que são consideradas boas ou más são vistas pelo homem sábio e pela humanidade em geral da mesma maneira? Ele não considera o que todos os homens consideram baixo ou miserável, ele não segue a trilha do povo, mas como as estrelas se movem em um caminho oposto ao da Terra, assim ele procede contrariamente aos preconceitos de todos.

XV. Cesse, então, de dizer: "O homem sábio, então, não receberá uma injúria se for espancado, se seu olho for arrancado? Não receberá um insulto se for alardeado pelo Fórum pelas vozes sujas dos rufiões? Se em um banquete da corte ele for convidado a deixar a mesa e comer com escravos designados para tarefas degradantes? Se ele for forçado

---

[31] Na Antiga Roma, escravo encarregado de lembrar ou informar o nome de pessoas a seu senhor (NOMENCLADOR. **Aulete Digital**. Disponível em: https://www.aulete.com.br/nomenclador. Aceso em: 27 nov. 2023).

a suportar qualquer outra coisa que possa ser pensada e que possa irritar um espírito elevado?". Por mais numerosas ou severas que sejam essas cruzes, todas elas serão do mesmo tipo, e se as pequenas não o afetarem, tampouco as maiores. Se algumas não o afetarem, tampouco mais o farão. É por meio de sua fraqueza que você forma sua ideia da mente colossal dele e, quando pensa no quanto você mesmo poderia suportar sofrer, coloca o limite da resistência do sábio um pouco além disso. Mas a virtude dele o colocou em outra região do Universo que não tem nada em comum com você. Busque os sofrimentos e todas as coisas difíceis de suportar, repulsivas de serem ouvidas ou vistas, ele não será esmagado pela combinação delas e suportará tudo exatamente como suporta cada uma delas. Aquele que diz que o homem sábio pode suportar isso e não pode suportar aquilo, e restringe sua magnanimidade dentro de certos limites está errado, pois a fortuna nos supera a menos que ela seja totalmente superada. Não pense que isso é mera austeridade estoica. Epicuro, que você adota como patrono de sua preguiça e que, você imagina, sempre ensinou o que era suave, preguiçoso e propício ao prazer, disse: "A fortuna raramente se interpõe no caminho de um homem sábio". Como ele se aproximou de um sentimento masculino! Atreva-se a falar com mais ousadia e tire-a completamente do caminho! Assim é a casa do homem sábio: estreita, sem adornos, sem agitação e esplendor, com a soleira guardada por porteiros que organizam a multidão de visitantes com uma arrogância proporcional a seus subornos. A fortuna não pode cruzar essa soleira aberta e desprotegida. Ela sabe que não há espaço para ela onde não há nada dela.

XVI. Agora, se mesmo Epicuro, que fez mais concessões ao corpo do que qualquer outro, adota um tom espirituoso com relação aos ferimentos, o que pode parecer além da crença ou além do escopo da natureza humana entre nós, estoicos? Ele diz que as lesões podem ser suportadas pelo homem sábio, nós dizemos que elas não existem para ele. Tampouco há qualquer razão para que você declare que isso é repugnante à natureza. Não negamos que seja desagradável ser espancado ou golpeado, ou perder um de nossos membros, mas dizemos que nenhuma dessas coisas é um ferimento. Não tiramos deles a sensação de dor, mas o nome de "lesão", que não pode ser recebida enquanto nossa virtude estiver intacta. Veremos qual dos dois está mais próximo da verdade, já que cada um deles concorda em desprezar a injúria. Você pergunta qual é a diferença entre eles? Tudo o que há entre dois gladiadores muito corajosos, um dos quais esconde seu ferimento e se mantém firme, ao passo que o outro se volta para a população que grita, dá a entender que seu ferimento não é nada e não permite que interfiram a seu favor. Não é preciso pensar que há algo importante sobre o qual divergimos; toda a essência da questão, aquilo que só diz respeito a você, é o que ambas as escolas de filosofia o incentivam a fazer, a saber, desprezar as injúrias e os insultos, que posso chamar de sombras e contornos das injúrias, desprezar o que não precisa de um homem sábio, mas apenas de um homem sensato, que possa dizer a si mesmo: "Acaso essas coisas me acontecem por merecimento ou por falta de merecimento? Se for merecido, não é um insulto, mas uma sentença judicial; se for imerecido, quem comete injustiça deve corar, não eu. Alguém fez uma piada sobre a calvície da minha cabeça, a fraqueza dos meus olhos, a magreza das minhas pernas, a baixa estatura; que insulto há em me dizer aquilo que todos veem? Nós rimos quando estamos tête-à-tête da mesma coisa que nos indignamos quando é dita diante de uma multidão, e não permitimos que os outros tenham o privilégio de dizer o que nós mesmos costumamos dizer sobre nós mesmos; nós nos divertimos com piadas decorosas, mas ficamos irritados se elas forem levadas longe demais".

XVII. Crisipo diz que um homem se enfureceu porque alguém o chamou de ovelha do mar; nós vimos Fidus Cornelius, o genro de Ovidius Naso, chorando no Senado porque Corbulo o chamou de avestruz depenada. Seu domínio sobre o semblante não lhe faltou em outras acusações abusivas, que prejudicaram seu caráter e modo de vida. E diante desse dito ridículo, ele desatou a chorar. É tão deplorável a fraqueza da mente das pessoas quando a razão não as guia mais. O que dizer de nos ofendermos se alguém imitar nossa fala, nosso andar, ou imitar qualquer defeito de nossa pessoa ou de nossa pronúncia? Como se isso se tornasse mais notório pela imitação de outra pessoa do que por nós mesmos. Alguns não estão dispostos a ouvir sobre sua idade e cabelos brancos, e tudo o mais que as pessoas rezam para alcançar. A reprovação da pobreza agoniza algumas pessoas, e quem a esconde faz dela uma reprovação para si mesmo. Portanto, se você for o primeiro a reconhecê-la, você corta o chão debaixo dos pés daqueles que zombariam de você e o insultariam educadamente, porque ninguém ri de quem ri de si mesmo. A tradição nos diz que Vatinius, um homem nascido para ser ridicularizado e odiado, era um bobo da corte espirituoso e inteligente. Ele fazia muitas piadas sobre seus pés e seu pescoço curto e, assim, escapava dos sarcasmos de Cícero, acima de tudo, e de seus outros inimigos, dos quais ele tinha mais do que doenças. Se ele, que por causa dos constantes abusos havia se esquecido de como corar, podia fazer isso por puro descaramento, por que não poderia aquele que fez algum progresso na educação de um cavalheiro e no estudo da filosofia? Além disso, é uma espécie de vingança estragar o prazer de uma pessoa com o insulto que ela nos ofereceu, uma vez que tais pessoas dizem: "Meu Deus, suponho que ele não tenha entendido". Assim, o sucesso de um insulto está na sensibilidade e na raiva da vítima. Daqui em diante, o insultador às vezes encontrará seu par, alguém será encontrado para se vingar de você também.

XVIII. Caio César, entre os outros vícios com os quais transbordava, era possuído por uma estranha e insolente paixão por marcar todos com alguma nota de ridículo, sendo ele mesmo o sujeito mais tentador para a zombaria. Tão feia era a palidez que o provava louco, tão selvagem o brilho dos olhos que se escondiam sob sua testa de mulher idosa, tão horrorosa sua cabeça deformada, calva e pontilhada por alguns poucos cabelos, além do pescoço cheio de cerdas, suas pernas finas, seus pés monstruosos. Seria interminável se eu fosse mencionar todos os insultos que ele fez a seus pais e ancestrais e a pessoas de todas as classes sociais. Mencionarei aqueles que o levaram à ruína. Um amigo especial dele era Asiaticus Valerius, um homem de espírito orgulhoso e que dificilmente suportaria os insultos de outros com tranquilidade. Em uma bebedeira, ou seja, em uma assembleia pública, Gaio, em alto e bom som, censurou esse homem pela maneira como sua esposa se comportava na cama. Pelos deuses, que um homem ouvisse que o imperador sabia disso, e que ele, o imperador, descrevesse seu adultério e sua decepção ao marido da moça, não digo a um homem de nível consular e seu amigo. Quereia, por outro lado, o tribuno militar, tinha uma voz que não condizia com sua proeza, com um som fraco e um tanto suspeito, a menos que você conhecesse suas conquistas. Quando pediu a palavra de ordem, Caio lhe deu "Vênus", em um momento, e em outro "Príapo", e de várias maneiras censurou o homem de armas, enquanto ele próprio estava vestido com roupas transparentes, usando sandálias e joias. Assim, ele o forçou a usar sua espada, para que não precisasse pedir a palavra de ordem com mais frequência. Foi Quereia o primeiro de todos os conspiradores a levantar a mão e cortar o meio do pescoço de Calígula com um único golpe. Depois disso, muitas espadas, pertencentes a homens que tinham injúrias públicas ou privadas para vingar, foram cravadas em seu corpo, mas ele primeiro se mostrou um homem que menos parecia ser um. O mesmo Gaio interpretou tudo como um insulto (já que aqueles que estão mais ansiosos para oferecer afrontas são menos capazes de suportá-las). Ele se irritou com Herênio Macer por tê-lo saudado como Gaio – nem o centurião chefe dos povos bárbaros ficou impune por tê-lo saudado como Calígula, pois tendo nascido no acampamento e sido criado como filho das legiões, ele costumava ser chamado por esse nome, e não havia nenhum outro pelo qual fosse mais conhecido pelas tropas, mas a essa altura ele considerava "Calígula" um opróbrio e uma desonra. Que os espíritos feridos, então, se consolem com a reflexão de que, mesmo que nosso temperamento fácil tenha deixado de se vingar, ainda assim haverá alguém que punirá o homem impertinente, orgulhoso e insultante, pois esses são vícios que ele nunca limita a uma vítima ou a um único ato ofensivo. Vejamos os exemplos daqueles homens cuja resistência admiramos, por exemplo, a de Sócrates, que aceitou em boa parte as piadas publicadas e atuadas dos comediantes sobre si mesmo, e riu tanto quanto riu quando foi encharcado com água suja por sua esposa Xantipa. Antístenes foi censurado pelo fato de sua mãe ser bárbara e trácia, ele respondeu que a mãe dos deuses também veio do Monte Ida.

XIX. Não devemos nos envolver em brigas e discussões, mas sim nos afastar e desconsiderar tudo o que as pessoas irrefletidas fazem (na verdade, somente as pessoas irrefletidas fazem isso), e dar o mesmo valor às honras e às censuras da multidão. Não devemos ser prejudicados por uma coisa nem agradados pela outra. Caso contrário, negligenciaremos muitos pontos essenciais, abandonaremos nossos deveres, tanto para com o Estado quanto para com a vida privada, por causa do medo excessivo de insultos ou do cansaço deles e, às vezes, até perderemos o que nos faria bem, enquanto somos torturados por essa dor de ouvir algo que não nos agrada. Às vezes, também, quando nos enfurecemos com homens poderosos, expomos essa falha por meio de nossa liberdade imprudente de expressão. No entanto, não é liberdade não sofrer nada – estamos enganados –, a liberdade consiste em elevar a mente acima das injúrias e tornar-se uma pessoa cujos prazeres vêm apenas de si mesma, em separar-se das circunstâncias externas para não ter de levar uma vida perturbada com medo dos risos e das línguas de todas as pessoas, pois se qualquer delas pode oferecer um insulto, quem há que não possa? O sábio e o aspirante a sábio aplicarão remédios diferentes para isso, pois somente aqueles cuja educação filosófica é incompleta e que ainda se guiam pela opinião pública supõem que devem passar a vida em meio a insultos e injúrias. Todas as coisas acontecem de maneira mais suportável para pessoas preparadas para elas. Quanto mais nobre for uma pessoa por nascimento, reputação ou herança, mais corajosamente ela deve se comportar, lembrando que os homens mais altos estão na primeira fila da batalha. Quanto a insultos, linguagem ofensiva, marcas de desgraça e desfigurações semelhantes, ele deve suportá-los como suportaria os gritos do inimigo e dardos ou pedras lançadas a distância, que chocalham em seu capacete sem causar ferimentos. Ele deve encarar os ferimentos como feridas, algumas recebidas em sua armadura e outras em seu corpo, as quais ele suporta sem cair ou mesmo deixar seu lugar nas fileiras. Mesmo que você seja duramente pressionado e violentamente atacado pelo inimigo, ainda assim é básico ceder. Mantenha o posto que lhe foi designado pela natureza. Você pergunta qual é esse posto? É o de ser um humano. O sábio tem outra ajuda, do tipo oposto a essa. Você está trabalhando duro, ao passo que ele já conquistou a vitória. Não se preocupe com sua vantagem e, até que tenha chegado à verdade, mantenha viva essa esperança em sua mente, esteja disposto a receber as notícias de uma vida melhor e incentive-a com sua admiração e suas orações, pois é do interesse de toda a humanidade que haja alguém que não tenha sido conquistado, alguém contra quem a sorte não tenha poder.

O SEXTO DOS DIÁLOGOS DE SÊNECA, DIRIGIDO A MÁRCIA

DA CONSOLAÇÃO

I. Se eu não soubesse, Márcia, que você tem tão pouco da fraqueza mental de uma mulher quanto de seus outros vícios, e que sua vida foi considerada um padrão de virtude antiga, eu não teria ousado combater sua dor, que é uma dor que muitos homens acalentam e abraçam carinhosamente, tampouco teria concebido a esperança de persuadi-la a considerar a fortuna inocente, tendo de advogar por ela em um momento tão desfavorável, diante de um juiz tão parcial e contra uma acusação tão odiosa. No entanto, tenho confiança na força comprovada de sua mente e em sua virtude, que foi provada por um teste severo. Todos sabem como você se comportou bem em relação a seu pai, a quem amava tanto quanto a seus filhos em todos os aspectos, exceto pelo fato de não desejar que ele sobrevivesse a você. Na verdade, pelo que sei, você pode ter desejado isso também, pois um grande afeto se aventura a quebrar algumas das regras de ouro da vida. Você fez tudo o que estava ao seu alcance para evitar a morte de seu pai, Aulus Cremutius Cordus, mas quando ficou claro que, cercado como estava pelos mirmidões[32] de Sejano, não havia outra maneira de escapar da escravidão, você não aprovou a resolução dele, mas desistiu de todas as tentativas de se opor a ela. Derramou lágrimas abertamente e sufocou seus soluços, mas não os escondeu atrás de um rosto sorridente, e fez tudo isso no século atual, quando não ser antinatural em relação aos pais é considerado o auge do afeto filial. Quando as mudanças de nossos tempos lhe deram uma oportunidade, você devolveu ao uso do ser humano o gênio de seu pai, pelo qual ele havia sofrido, e o tornou, na verdade, imortal, publican-

---

32 Habitantes da ilha de Egina que se tornaram soldados e seguidores de Aquiles na Guerra de Troia.

do como um memorial eterno dele os livros que o mais corajoso dos homens havia escrito com o próprio sangue. Você prestou um grande serviço à literatura romana, uma vez que uma grande parte dos livros de Cordus havia sido queimada, um grande serviço à posteridade, que receberá um relato verdadeiro dos eventos que custaram tão caro ao seu autor, bem como um grande serviço para si mesmo, cuja memória floresce e sempre florescerá, enquanto as pessoas derem algum valor aos fatos da história romana, enquanto viver alguém que deseje rever os feitos de nossos pais, para saber como era um verdadeiro romano – alguém que ainda permaneceu invicto quando todos os outros pescoços foram quebrados para receber o jugo de Sejano, alguém que era livre em todos os pensamentos, sentimentos e atos. Por Hércules, o Estado teria sofrido uma grande perda se você não o tivesse tirado do esquecimento ao qual suas duas esplêndidas qualidades, eloquência e independência, o haviam consignado, pois ele agora é lido, é popular, é recebido nas mãos e nos peitos das pessoas e não teme a velhice. Mas quanto àqueles que a massacraram, em pouco tempo as pessoas deixarão de falar até de seus crimes, as únicas coisas pelas quais eles são lembrados. Essa grandeza de espírito em você me proibiu de levar em consideração seu sexo ou seu rosto, ainda obscurecidos pela tristeza que há tantos anos foi subitamente encoberta. Veja bem, não farei nada de forma dissimulada nem tentarei roubar suas mágoas. Eu a lembrei de feridas antigas e, para provar que a ferida atual pode ser curada, mostrei-lhe a cicatriz de outra igualmente grave. Deixe que outros usem medidas suaves e carícias. Eu decidi lutar contra sua dor e vou secar esses olhos cansados e exaustos que, para dizer a verdade, já estão chorando mais por hábito do que por tristeza. Se desaprovar meus esforços ou não gostar deles, então terá de continuar a abraçar e acariciar a dor que adotou como a sobrevivente de seu filho. Qual, eu lhe peço, será o fim disso? Todos os meios foram tentados em vão, já que as consolações de seus amigos, que estão cansados de oferecê-las, e a influência de grandes homens que estão relacionados a você, bem como a literatura, um gosto que seu pai apreciava e que você herdou dele, agora tem seus ouvidos fechados e lhe oferece apenas um consolo fútil, que mal ocupa seus pensamentos por um momento. Mesmo o próprio tempo, o maior remédio da natureza, que acalma a dor mais amarga, perde seu poder com você. Três anos já se passaram e, ainda assim, sua dor não perdeu nada de sua pungência inicial, mas se renova e se fortalece dia após dia, e agora mora há tanto tempo com você que adquiriu um domicílio em sua mente e, na verdade, pensa que seria uma base o deixar. Todos os vícios afundam em todo o nosso ser, se não os esmagarmos antes que ganhem uma base. Da mesma forma, esses sentimentos tristes, lamentáveis e discordantes se alimentam de sua amargura, até que a mente infeliz tenha uma espécie de prazer mórbido na dor. Eu gostaria, portanto, de ter tentado realizar essa cura nos estágios iniciais do distúrbio, antes que sua força estivesse totalmente desenvolvida, pois ela poderia ter sido controlada por remédios mais brandos, mas agora que foi confirmada pelo tempo não pode ser vencida sem uma luta árdua. Da mesma forma, as feridas cicatrizam facilmente quando o sangue está fresco sobre elas: elas podem então ser limpas e trazidas à superfície, e podem ser sondadas com o dedo, pois quando a doença as transforma em úlceras malignas sua cura é mais difícil. Agora não posso influenciar uma dor tão forte por meio de medidas educadas e suaves, uma vez que ela precisa ser quebrada pela força.

II. Estou ciente de que todos que desejam dar conselhos a alguém começam com preceitos e terminam com exemplos, mas às vezes é útil alterar essa moda, pois precisamos lidar de forma diferente com pessoas diferentes. Alguns são guiados pela razão, outros precisam ser confrontados com a autoridade e os nomes de pessoas célebres, cujo brilho deslumbra sua mente e destrói seu poder de livre julgamento. Colocarei diante de seus olhos dois dos maiores exemplos pertencentes ao seu gênero e ao seu século. Primeiro, o de uma mulher que se deixou levar totalmente pela dor; o outro, o de alguém que, embora afligido por um infortúnio semelhante e uma perda ainda maior, ainda assim não permitiu que suas tristezas reinassem sobre ela por muito tempo, mas rapidamente restaurou sua mente ao seu estado habitual. Otávia e Lívia, a primeira irmã de Augusto, e a segunda, sua esposa, perderam seus filhos quando eram jovens, quando tinham certeza de que sucederiam ao trono. Otávia perdeu Marcelo, de quem seu sogro e seu tio haviam começado a depender e a colocar sobre seus ombros o peso do império – um jovem de inteligência aguçada e caráter firme, frugal e moderado em seus desejos a ponto de merecer admiração especial em alguém tão jovem e tão rico, forte para suportar o trabalho, avesso à indulgência e capaz de suportar qualquer fardo que seu tio decidisse colocar, ou, melhor dizendo, empilhar sobre seus ombros. Augusto o escolheu bem como alicerce, pois ele não cederia sob nenhum peso, por mais excessivo que fosse. Sua mãe nunca deixou de chorar e soluçar durante toda a vida, nunca suportou ouvir conselhos saudáveis, sequer permitiu que seus pensamentos fossem desviados de sua tristeza. Ela permaneceu durante toda a sua vida exatamente como estava durante o funeral, com toda a força de sua mente fixada em um único assunto. Não digo que lhe faltou coragem para se livrar de sua dor, mas ela se recusou a ser consolada, achou que seria um segundo luto perder suas lágrimas e não queria ter nenhum retrato de seu querido filho, bem como não permitiria que fosse feita qualquer alusão a ele. Ela odiava todas as mães e se enfurecia contra Lívia com especial fúria, porque parecia que a brilhante perspectiva que antes estava reservada para seu filho agora era transferida para o filho de Lívia. Passando todos os seus dias em quartos escuros e sozinha, sem conversar nem com seu irmão, ela se recusava a aceitar os poemas compostos em memória de Marcelo e todas as outras homenagens que a literatura lhe prestava, e fechava os ouvidos a todo tipo de consolo. Vivia enterrada e reclusa, negligenciando seus deveres habituais e, na verdade, irritada com o esplendor excessivo da prosperidade de seu irmão, da qual compartilhava. Embora cercada por seus filhos e netos, ela não deixava de lado suas vestes de luto, embora, ao mantê-las, parecesse menosprezar todos os seus parentes, ao se considerar enlutada, apesar de eles estarem vivos.

 III. Lívia perdeu seu filho Druso, que teria sido um grande imperador e já era um grande general, uma vez que ele havia marchado por toda a Alemanha e plantado os estandartes romanos em lugares onde a própria existência dos romanos era pouco conhecida. Ele morreu durante a marcha, com seus inimigos tratando-o com respeito, observando uma trégua recíproca e não tendo coragem de desejar o que lhes seria mais útil. Além de ter morrido assim a serviço de seu país, os cidadãos, as províncias e toda a Itália expressaram grande pesar por ele, através da qual seu corpo foi assistido pelo povo das cidades e colônias livres, que se aglomeraram para realizar os últimos e tristes serviços a ele, até chegar a Roma em uma procissão que se assemelhava a um triunfo. Sua mãe não teve permissão para receber seu último beijo e ouvir as últimas palavras carinhosas de seus lábios moribundos. Ela seguiu as relíquias de seu Druso em sua longa jornada, embora cada uma das piras funerárias com as quais toda a Itália brilhava parecesse renovar sua dor, como se ela o tivesse perdido tantas vezes. Quando, no entanto, ela finalmente o colocou na tumba, deixou sua tristeza com ele e não sofreu mais do que o devido a um César ou a um filho. Ela não deixou de fazer menção frequente ao nome de seu Druso, de colocar seu retrato em todos os lugares, tanto públicos quanto privados, e de falar dele e ouvir enquanto outros falavam dele com o maior prazer. Ela vivia com sua memória, a qual ninguém pode abraçar e se associar a quem a tenha tornado dolorosa para si mesmo. Escolha, portanto, qual desses dois exemplos você acha mais recomendável. Se preferir seguir o primeiro, você se afastará do número dos vivos, e evitará ver os filhos de outras pessoas e os seus, e mesmo aquele cuja perda você lamenta, o que será visto pelas mães como um presságio do mal. Você se recusará a participar de prazeres honrosos e permitidos por considerá-los impróprios para alguém tão aflito, não gostará de permanecer acima do solo e ficará especialmente irritada com sua idade, porque ela não encerrará sua vida abruptamente. Aqui, dou a melhor interpretação ao que é realmente mais desprezível e estranho ao seu caráter. Quero dizer que você se mostrará sem vontade de viver e incapaz de morrer. Se, por outro lado, mostrando um espírito mais brando e mais bem regulado, você tentar seguir o exemplo dessa última dama exaltada, você não estará na miséria nem desgastará sua vida com sofrimento. Que loucura é essa de se punir por ser infeliz, e não diminuir, mas aumentar seus males! Você deveria mostrar, também nessa questão, o comportamento decente e a modéstia que caracterizaram toda a sua vida, pois existe algo como autocontrole também na dor. Você demonstrará mais respeito pelo próprio jovem, que bem merece que você se alegre ao falar e pensar nele, se você o tornar capaz de encontrar sua mãe com um semblante alegre, como ele costumava fazer quando vivo.

IV. Não a convidarei a praticar o tipo mais severo de máximas, tampouco a convidarei a suportar o destino da humanidade com uma filosofia mais do que humana nem tentarei secar os olhos de uma mãe no dia do enterro de seu filho. Comparecerei com você diante de um árbitro, pois a questão sobre a qual discutiremos é se a dor deve ser profunda ou incessante. Não duvido que você prefira o exemplo de Julia Augusta, que era sua amiga íntima. Ela a convida a seguir seu método, em seu primeiro paroxismo, quando a dor é especialmente aguda e difícil de suportar, ela buscou consolo em Areus, o professor de filosofia de seu marido, e declarou que isso lhe fez muito bem, mais do que o pensamento do povo romano, que ela não queria entristecer com seu luto, mais do que Augusto, que, cambaleando com a perda de um de seus dois principais apoiadores, não deveria ser ainda mais abatido pela tristeza de seus parentes, mais até do que seu filho Tibério, cuja afeição durante o enterro prematuro de alguém por quem nações inteiras choravam a fez sentir que havia perdido apenas um membro de sua família. Imagino que essa tenha sido a introdução e a base filosófica de uma mulher especialmente obstinada pela própria opinião. Até hoje, Julia, pelo que posso dizer – e eu era o companheiro constante de seu marido, e sabia não apenas o que todos as pessoas podiam saber, mas também todos os pensamentos mais secretos de seu coração –, você tem sido cuidadosa para que ninguém encontre algo que possa ser censurado em sua conduta, não apenas em assuntos importantes, mas também em ninharias, você tem se esforçado para não fazer nada que possa desejar que a fama comum, o juiz mais franco dos atos dos príncipes, ignore. Nada, a meu ver, é mais admirável do que o fato de aqueles que ocupam cargos elevados perdoarem muitas falhas dos outros e não terem de pedir perdão por nenhuma das próprias falhas. Assim, também nessa questão de luto, você deve agir de acordo com sua máxima de não fazer nada que gostaria que não fosse feito, ou que fosse feito de outra forma.

V. Em segundo lugar, peço e suplico que não seja obstinada e que não consiga lidar com seus amigos. Você deve estar ciente de que nenhum deles sabe como se comportar, se deve mencionar Druso em sua presença ou não, pois eles não desejam prejudicar um jovem nobre esquecendo-o, tampouco magoá-la falando dele. Quando a deixamos e nos reunimos, conversamos livremente sobre suas palavras e ações, tratando-as com o respeito que merecem, mas em sua presença observa-se um profundo silêncio sobre ele, e assim você perde o maior dos prazeres, ouvir os elogios de seu filho, que não duvido que você estaria disposta a transmitir a todas as eras futuras se tivesse os meios para fazê-lo, mesmo ao custo de sua vida. Portanto, continue ouvindo, ou melhor, encorajando as conversas das quais ele é o assunto, e deixe seus ouvidos abertos para o nome e a memória de seu filho. Você não deveria considerar isso doloroso, como aqueles que, nesse caso, pensam que parte de seu infortúnio consiste em ouvir consolo. Na verdade, você foi totalmente para o outro extremo e, esquecendo-se dos aspectos melhores de sua sorte, olha apenas para o lado pior, não dá atenção ao prazer que teve na companhia de seu filho e em seus encontros alegres com ele, nas doces carícias de sua infância, no progresso de sua educação, mas fixa toda a sua atenção nessa última cena de todas, e a ela, como se não fosse chocante o suficiente, acrescenta todo o horror possível. Não seja, eu lhe imploro, orgulhosa a ponto de parecer a mais infeliz das mulheres. Reflita também que não há grande mérito em se comportar bravamente em tempos de prosperidade, quando a vida desliza facilmente com uma corrente favorável, pois nem um mar calmo e um vento bom demonstram a arte do piloto, mas é necessário algum tempo ruim para provar sua coragem. Assim como ele, não ceda, mas firme-se e suporte qualquer fardo que possa cair sobre você do alto, por mais assustada que tenha ficado ao primeiro rugido da tempestade. Não há nada que cause tanta reprovação à Providência quanto a resignação. Depois disso, aponta para ela o filho que ainda está vivo, aponta os netos do filho perdido.

VI. É do seu problema, Márcia, que se trata aqui. É ao lado do seu divã de luto que Areus está sentado. Mude as personagens, e é você quem ele está consolando. Mas, por outro lado, Márcia, suponha que você tenha sofrido uma perda maior do que a de qualquer outra mãe antes de você. Veja, não estou acalmando você ou fazendo pouco caso de seu infortúnio, pois se o destino pode ser vencido pelas lágrimas, vamos trazer as lágrimas para ele. Deixe que todos os dias sejam passados em luto, que todas as noites sejam passadas em tristeza em vez de sono, deixe que seu peito seja rasgado por suas mãos, que seu rosto seja atacado por elas, e que todo tipo de crueldade seja praticado por sua dor, se isso lhe trouxer benefícios. Mas se os mortos não puderem ser trazidos de volta à vida, por mais que batamos em nossos peitos, se o destino permanecer fixo e imóvel para sempre, não podendo ser mudado por nenhuma dor, por maior que seja, e a morte não perder o controle de nada que uma vez tenha tirado, então que nossa dor fútil chegue ao fim. Vamos, então, dirigir nosso curso e não mais permitir que sejamos levados a sotavento pela força de nosso infortúnio. É um péssimo piloto aquele que deixa as ondas arrancarem o leme de suas mãos, que deixa as velas soltas e abandona o navio à tempestade. Mas aquele que agarra o leme com coragem e se agarra a ele até que o mar se feche sobre ele merece elogios, mesmo que naufrague.

VII. "Mas", você diz, "a tristeza pela perda dos próprios filhos é natural". Quem nega isso? Desde que seja razoável? Não podemos deixar de sentir uma dor, e o mais corajoso de nós fica abatido não apenas com a morte daqueles que nos são mais queridos, mas também quando eles nos deixam em uma viagem. No entanto, o luto que a opinião pública exige é mais do que a natureza insiste. Observe como são intensas e, ao mesmo tempo, breves as tristezas dos animais mudos. Nós ouvimos o mugido de uma vaca por um ou dois dias, e as éguas não dão seus galopes selvagens e insensatos por mais tempo; as feras selvagens, depois de terem rastreado seus filhotes perdidos por toda a floresta e visitado com frequência suas tocas saqueadas, saciam sua raiva em um curto espaço de tempo. Os pássaros circulam em torno de seus ninhos vazios com gritos altos e piedosos, mas quase imediatamente retomam seu voo normal em silêncio; nenhuma criatura passa longos períodos lamentando a perda de sua prole, exceto o ser humano, que incentiva a própria dor, cuja medida não depende de seus sofrimentos, mas de sua vontade. Você pode saber que ser totalmente destruída pela dor não é natural, observando que o mesmo luto inflige uma ferida mais profunda nas mulheres do que nos homens, nos selvagens do que nas pessoas civilizadas e cultas, nos iletrados do que nos instruídos. No entanto, as paixões que derivam sua força da natureza são igualmente poderosas em todos as pessoas. Portanto, é claro que uma paixão de força variável não pode ser natural. O fogo queimará todas as pessoas igualmente, homens e mulheres, de todas as classes e idades; o aço exibirá seu poder cortante em todos os corpos da mesma forma. Por quê? Porque essas coisas derivam sua força da natureza, que não faz distinção de pessoas. A pobreza, a tristeza e a ambição são sentidas de forma diferente por pessoas diferentes, de acordo com a influência do hábito, já que um preconceito arraigado sobre os terrores dessas coisas, embora não devam ser realmente temidos, torna o ser humano fraco e incapaz de os suportar.

VIII. Aquilo que depende da natureza não se enfraquece com a demora, mas a dor é gradualmente apagada pelo tempo. Por mais obstinada que seja, embora seja renovada diariamente e exasperada por todas as tentativas de acalmá-la, mesmo assim ela se enfraquece com o tempo, que é o meio mais eficiente de domar sua ferocidade. Você, Márcia, ainda tem uma grande tristeza permanecendo com você, mas ela já parece ter se atenuado, uma vez que é obstinada e duradoura, mas não tão aguda como era no início, e isso também será tirado de você aos poucos, com o passar dos anos. Sempre que estiver envolvida em outras atividades sua mente será aliviada do fardo. Mas no momento você se vigia para evitar isso. No entanto, há uma grande diferença entre permitir e forçar o luto. Quão mais de acordo com seu gosto cultivado seria pôr um fim ao seu luto em vez de esperar que ele chegue, e não esperar pelo dia em que sua tristeza cessará contra sua vontade. Deixe-a de lado por sua vontade.

IX. "Por que, então", você pergunta, "mostramos tanta persistência no luto por nossos amigos se não é a natureza que nos ordena a fazer isso?". É porque nunca esperamos que algum mal aconteça a nós mesmos antes que ele venha, não nos ensinam, vendo os infortúnios dos outros, que eles são a herança comum de todas as pessoas, mas imaginamos que o caminho que começamos a trilhar está livre deles e menos cercado de perigos do que o de outras pessoas. Quantos funerais passam por nossas casas? Mas não pensamos na morte. Quantas mortes prematuras? Pensamos apenas na maioridade de nosso filho, em seu serviço no exército ou em sua sucessão na propriedade de seu pai. Quantos pessoas ricas subitamente afundam na pobreza diante de nossos olhos, sem que jamais nos ocorra que nossa riqueza está exposta exatamente aos mesmos riscos? Quando, portanto, o infortúnio nos atinge, não podemos evitar o colapso ainda mais completo, porque somos atingidos como se estivéssemos desprevenidos, pois um golpe que foi previsto há muito tempo cai muito menos pesadamente sobre nós. Quer saber como você está completamente exposta a cada golpe do destino e que as mesmas hastes que transfixaram os outros estão girando em torno de você? Então, imagine que está montando sem armadura suficiente para atacar alguma muralha da cidade ou alguma posição forte e elevada ocupada por uma grande hoste, espere um ferimento e suponha que todas as pedras, flechas e dardos que enchem o ar estejam apontados para o seu corpo. Sempre que algum deles cair ao seu lado ou nas suas costas, exclame: "Providência, você não vai me enganar ou me pegar confiante e desatento. Eu sei o que está preparando para fazer, porque você derrubou outro, mas mirou em mim". Quem já olhou para os próprios assuntos como se estivesse à beira da morte? Qual de nós já ousou pensar em banimento, carência ou luto? Quem, se fosse aconselhado a meditar sobre esses assuntos, não rejeitaria a ideia como um mau presságio e a mandaria se afastar dele e pousar na cabeça de seus inimigos ou até na de seu conselheiro inoportuno? "Eu nunca pensei que isso fosse acontecer!". Como você pode pensar que algo não acontecerá, quando você sabe que pode acontecer com muitas pessoas, e já aconteceu com muitas? Relembre um verso nobre e digno de uma fonte mais nobre do que o palco: "O que um sofreu pode acontecer com todos nós".

Aquele homem perdeu seus filhos, e você pode perder os seus. Aquele homem foi condenado, e sua inocência pode estar em perigo. Somos enganados e enfraquecidos por essa ilusão, quando sofremos o que nunca previmos que poderíamos sofrer. Mas, ao esperarmos ansiosamente pela chegada de nossas tristezas, tiramos o ferrão delas quando chegam.

X. Minha Márcia, todas essas circunstâncias que brilham ao nosso redor, como filhos, cargo no Estado, riqueza, grandes salões, vestíbulos lotados de clientes que tentam em vão entrar, um nome nobre, uma esposa bem-nascida ou bonita, e todas as outras coisas que dependem inteiramente da sorte incerta e mutável são apenas bens que não são nossos, mas que nos foram confiados por empréstimo. O palco de nossas vidas é adornado com propriedades coletadas de várias fontes e que logo serão devolvidas a seus diversos proprietários, algumas delas serão levadas no primeiro dia, outras no segundo, e poucas permanecerão até o fim. Portanto, não temos motivos para nos considerarmos complacentes, como se as coisas que nos cercam fossem nossas, uma vez que elas são apenas emprestadas, temos o uso e o desfrute delas por um tempo regulado pelo credor, que controla o próprio presente. É nosso dever sempre poder colocar as mãos naquilo que nos foi emprestado sem data fixa para sua devolução, e restituí-lo quando solicitado sem reclamar, pois o tipo mais detestável de devedor é aquele que se queixa de seu credor. Portanto, todos os nossos parentes, tanto aqueles que em razão da ordem de seu nascimento esperamos que vivam mais do que nós quanto aqueles que desejam morrer antes de nós, devem ser amados por nós como pessoas que não podemos ter certeza de ter conosco para sempre, tampouco por muito tempo. Devemos nos lembrar com frequência de que devemos amar as coisas desta vida como amaríamos o que está prestes a nos deixar ou, de fato, no próprio ato de nos deixar. Qualquer que seja o presente que a sorte conceda a uma pessoa, deixe-a pensar, enquanto o desfruta, que ela se mostrará tão inconstante quanto a deusa de quem veio. Tire o máximo de prazer que puder de seus filhos, permita que seus filhos, por sua vez, tenham prazer em sua companhia e esgote todo prazer até a última gota sem demora. Não podemos contar com esta noite, não, eu permiti um atraso muito grande, não podemos contar com esta hora, mas devemos nos apressar, pois o inimigo avança atrás de nós. Logo essa sua sociedade será desfeita, essa agradável companhia será tomada de assalto e dispersada. A pilhagem é a lei universal. Criaturas infelizes, vocês não sabem que a vida é apenas uma fuga? Se você lamenta a morte de seu filho, a culpa é da época em que ele nasceu, pois em seu nascimento foi-lhe dito que a morte era seu destino. É a lei sob a qual ele nasceu, o destino que o persegue desde que saiu do ventre de sua mãe. Ficamos sob o domínio da Providência, e é um domínio duro e inconquistável, uma vez que por seu capricho temos de sofrer todas as coisas, quer as mereçamos ou não. Ela maltrata nossos corpos com raiva, insultos e crueldade, alguns ela queima, sendo o fogo aplicado às vezes como punição e às vezes como remédio; outros ela aprisiona, permitindo que isso seja feito em um momento por nossos inimigos, em outro por nossos compatriotas. Ela atira outros nus nos mares revoltos e, depois de sua luta com as ondas, sequer os joga na areia ou na praia, mas os sepulta na barriga de algum monstro marinho enorme. Ela desgasta outros até o esqueleto com diversos tipos de doença e os mantém por muito tempo em suspense entre a vida e a morte. Ela é tão caprichosa em suas recompensas e punições quanto uma amante inconstante, caprichosa e descuidada é com as de seus escravos.

XI. Por que precisamos chorar por partes de nossa vida? Toda ela exige lágrimas, uma vez que novas misérias nos assaltam antes que tenhamos nos libertado das antigas. Portanto, vocês, que permitem que elas os perturbem em uma extensão irracional, devem especialmente se conter e reunir todos os poderes do peito humano para combater seus medos e suas dores. Além disso, que esquecimento de sua posição e da posição da humanidade é esse? Você nasceu mortal e deu à luz mortais. Você mesma, um corpo fraco e frágil, sujeito a todas as doenças, poderia esperar produzir algo forte e duradouro de materiais tão instáveis? Seu filho morreu, em outras palavras, ele alcançou a meta para a qual aqueles que você considera mais afortunados do que sua prole ainda estão se apressando, pois esse é o ponto para o qual se movem, em ritmos diferentes, todas as multidões que estão brigando nos tribunais, sentadas nos teatros, orando nos templos. Aqueles a quem você ama e aqueles a quem você despreza serão ambos transformados em iguais nas mesmas cinzas. Esse é o significado do mandamento: CONHEÇA-SE a si mesmo, que está escrito na entrada do santuário do templo do deus Apolo. O que é o ser humano? Um vaso de oleiro, que se quebra ao menor abalo ou movimento. Não é preciso uma grande tempestade para despedaçá-lo, pois você cai em pedaços onde quer que bata. O que é o ser humano? Um corpo fraco e frágil, nu, sem qualquer proteção natural, dependente da ajuda de outros, exposto a todo o desprezo da Providência. Mesmo quando seus músculos estão bem treinados, ele é a presa e o alimento da primeira fera que encontra, formado de substâncias fracas e instáveis, de aparência externa agradável, mas incapaz de suportar o frio, o calor ou o trabalho, e ainda assim caindo na ruína se mantido na preguiça e na ociosidade, temendo os próprios alimentos, pois passa fome se não os tiver, e explode se tiver demais. Ele não pode ser mantido em segurança sem um cuidado ansioso, sua respiração só permanece no corpo por sofrimento, e não tem controle real sobre ele. Ele se sobressalta a cada perigo repentino, a cada ruído alto e inesperado que chega aos seus ouvidos. Sempre uma causa de ansiedade para nós mesmos, doentes e inúteis como somos, podemos nos surpreender com a morte de uma criatura que pode ser morta por um único soluço? Será que é um grande empreendimento acabar conosco? Ora, cheiros, gostos, fadiga e falta de sono, comida e bebida, e as próprias necessidades da vida, são mortais. Onde quer que se mova, logo se torna consciente de sua fraqueza, não sendo capaz de suportar todos os climas, adoecendo depois de beber água estranha, respirando um ar ao qual não está acostumado, ou por outras causas e razões do tipo mais trivial, frágil, doentio, entrando em sua vida com choro. No entanto, que perturbação essa criatura desprezível causa! Ela exercita sua mente em assuntos que são imortais e eternos e organiza os assuntos de seus netos e bisnetos, enquanto a morte a surpreende no meio de seus esquemas de longo alcance, e o que chamamos de velhice é apenas o ciclo de pouquíssimos anos.

XII. Supondo que sua tristeza tenha algum método, o que ela tem em vista são os próprios sofrimentos ou os daquele que se foi? Por que você se entristece com seu filho perdido? É porque não recebeu nenhum prazer dele ou porque teria recebido mais se ele tivesse vivido mais? Se você responder que não recebeu nenhum carinho dele, tornará sua perda mais suportável, pois as pessoas sentem menos falta quando perdem o que não lhes proporcionou prazer ou alegria. Se, novamente, você admitir que recebeu muito prazer, é seu dever não reclamar da parte que perdeu, mas agradecer por aquilo que desfrutou. A criação dele, por si só, deveria ter lhe proporcionado um retorno suficiente pelo seu trabalho, pois não é possível que aqueles que se esforçam ao máximo para criar filhotes de cachorro, pássaros e outros que proporcionam diversão insignificantes sintam certo prazer ao ver, tocar e acariciar essas criaturas mudas, e ainda assim aqueles que criam crianças não encontrem sua recompensa ao fazê-lo. Assim, mesmo que o trabalho dele não tenha lhe proporcionado nada, que o cuidado dele não tenha lhe poupado nada, que a previsão dele não tenha lhe dado nenhum conselho, ainda assim você encontrou recompensa suficiente por tê-lo possuído e amado. "Mas", diz você, "poderia ter durado mais tempo". É verdade, mas você foi mais bem tratada do que se nunca tivesse tido um filho, pois, supondo que você pudesse escolher, qual é o melhor destino, ou ser feliz por pouco tempo ou não ser feliz? É melhor desfrutar de prazeres que logo nos deixam do que não desfrutar de nenhum. O que você escolheria? Ter um filho que fosse uma desgraça para você e que meramente ocupasse o cargo e tivesse o nome de seu filho, ou um de caráter tão nobre quanto o de seu filho? Um jovem que logo se tornou discreto e obediente, logo se tornou marido e pai, logo se tornou ávido por honras públicas e logo obteve o sacerdócio, conquistando seu caminho para todas essas coisas admiráveis com velocidade igualmente admirável. Quase ninguém tem a sorte de desfrutar de grande prosperidade e também de desfrutá-la por muito tempo, pois somente um tipo de felicidade monótona pode durar muito tempo e nos acompanhar até o fim de nossas vidas. Os deuses imortais, que não tinham a intenção de lhe dar um filho por muito tempo, deram-lhe um que era imediatamente o que outro precisaria de um longo treinamento para se tornar. Você não pode sequer dizer que foi especialmente marcada pelos deuses para o infortúnio porque não teve nenhum prazer com seu filho. Observe qualquer grupo de pessoas, sejam elas conhecidas ou não. Em todos os lugares você verá algumas que sofreram infortúnios maiores do que os seus. Grandes generais e príncipes passaram por luto semelhante. A mitologia nos diz que os próprios deuses não estão isentos disso, seu objetivo, suponho, é aliviar nossa tristeza com a morte pelo pensamento de que até as divindades estão sujeitas a ela. Olhe ao redor, repito, para cada um. Não se pode mencionar nenhuma casa tão miserável que não encontre conforto no fato de outra ser ainda mais miserável. Não quero, por Hércules, pensar tão mal de seus princípios a ponto de supor que você suportaria sua tristeza com mais leveza se eu lhe mostrasse uma enorme companhia de pessoas de luto. Esse é um tipo de consolo rancoroso que obtemos do número de nossos companheiros de sofrimento. No entanto, citarei alguns exemplos, não para ensinar-lhe que isso acontece com frequência com as pessoas, pois é absurdo multiplicar exemplos da mortalidade do ser humano, mas para que você saiba que houve muitos que aliviaram seus infortúnios suportando-os com paciência. Começarei com o homem mais sortudo de todos. Lúcio Sulla perdeu seu filho, mas isso não prejudicou nem a maldade nem a brilhante valentia que ele demonstrou à custa de seus inimigos e de seus compatriotas, tampouco fez que ele parecesse ter assumido seu conhecido título de forma não verdadeira, pois ele o fez após a morte de seu filho, não temendo nem o ódio dos homens, por cujos sofrimentos aquela sua excessiva prosperidade foi comprada, muito menos a má vontade dos deuses, para quem era uma reprovação que Sulla fosse tão verdadeiramente o afortunado. O que, no entanto, era o verdadeiro caráter de Sulla pode estar entre as questões ainda indecisas, e mesmo seus inimigos admitirão que ele pegou em armas com honra e as abandonou com honra, pois seu exemplo prova o ponto em questão, que um mal que se abate até sobre os mais prósperos não pode ser de primeira magnitude.

XIII. O fato de a Grécia não poder se gabar indevidamente daquele pai que, estando no ato de oferecer um sacrifício quando ouviu a notícia da morte de seu filho, apenas ordenou que o tocador de flauta ficasse em silêncio e tirou a guirlanda da cabeça, mas cumpriu todo o resto da cerimônia na devida forma a um romano, Pulvillus, o sumo sacerdote. Quando ele estava segurando o batente da porta[33] e dedicando o Capitólio, a notícia da morte de seu filho foi levada a ele. Ele fingiu não ter ouvido e pronunciou as palavras próprias do sumo sacerdote em tal ocasião, sem que sua oração fosse interrompida por um único gemido, implorando que Júpiter se mostrasse gracioso, no mesmo instante em que ouviu o nome de seu filho ser mencionado como morto. Imaginem que o luto desse homem não tinha fim, se o primeiro dia e o primeiro abalo não puderam afastá-lo, embora pai, do altar público do Estado, ou fazê-lo estragar a cerimônia de dedicação com palavras de mau agouro? Digno, de fato, do mais elevado sacerdócio era aquele que não deixava de reverenciar os deuses mesmo quando eles estavam zangados. No entanto, depois de voltar para casa, encher os olhos de lágrimas, dizer algumas palavras de lamentação e realizar os ritos com os quais era costume honrar os mortos na época, ele retomou a expressão do semblante que havia usado no Capitólio.

---

33 NOTA DE Aubrey Stewart – Isso parece ter sido parte da cerimônia de dedicação. Pulvillus estava dedicando o Templo de Júpiter no Capitólio. Veja *Livy*, ii. 8; Cic. *Pro Domo*, parágrafo cxxi.

Paulus,[34] por volta da época de seu magnífico triunfo, no qual acorrentou Perseu diante de seu carro, deu dois de seus filhos para serem adotados em outras famílias e enterrou aqueles que havia guardado para si. O que, pensem vocês, devem ter sido aqueles que ele guardou, quando Cipião foi um dos que ele deu? Não foi sem emoção que o povo romano olhou para a carruagem vazia de Paulus. No entanto, ele discursou para eles e agradeceu aos deuses por terem atendido a sua prece, pois ele havia pedido que, se alguma oferenda a Nêmesis fosse devida em consequência da estupenda vitória que ele havia conquistado, ela poderia ser paga às próprias custas, e não às de seu país. Veja como ele suportou a perda com magnanimidade! Ele até se congratulou por não ter filhos, embora fosse quem tinha mais a sofrer com essa mudança. Ele perdeu imediatamente seus consoladores e ajudantes. No entanto, Perseu não teve o prazer de ver Paulus com uma aparência triste.

XIV. Por que eu deveria conduzi-lo através da série interminável de grandes homens e escolher os infelizes, como se não fosse mais difícil encontrar os felizes? Pegue qualquer ano que desejar e nomeie os cônsules. Se quiser, o de Lucius Bibulus ou de Gaius Caesar, você verá que, embora esses colegas fossem os maiores inimigos um do outro, ainda assim suas fortunas coincidiam. Lucius Bibulus, um homem mais notável pela bondade do que pela força de caráter, teve seus dois filhos assassinados ao mesmo tempo, e até insultados pela soldadesca egípcia, de modo que o agente de seu luto foi tão motivo de lágrimas quanto o próprio luto. No entanto, Bibulus, que durante todo o ano de seu mandato havia permanecido escondido em sua casa para lançar críticas a seu colega César no dia seguinte àquele em que soube da morte de seus dois filhos, saiu e deu continuidade aos afazeres rotineiros de sua magistratura. Quem poderia dedicar menos de um dia ao luto por dois filhos? Assim, ele logo terminou o luto por seus filhos, embora tivesse chorado um ano inteiro por seu consulado. Caio César, depois de ter atravessado a Grã-Bretanha e não ter permitido que nem o oceano impusesse limites a seus sucessos, soube da morte de sua filha, o que apressou a crise dos negócios. Cneu Pompeu Magno já estava diante de seus olhos, um homem que não su-

---

34 Lucius Aemilius Paulus triunfou sobre Perseu, o último rei da Macedônia, em 168 a.C.

portaria que alguém além dele se tornasse um grande poder no Estado e que provavelmente colocaria um controle sobre seu avanço, que ele considerava oneroso mesmo quando cada um ganhava com a ascensão do outro.

XV. Por que preciso lembrar a você das mortes dos outros césares, que a sorte me parece ter às vezes ultrajado para que, mesmo com suas mortes, pudessem ser úteis à humanidade, provando que eles, embora fossem chamados de "filhos de deuses" e "pais de deuses futuros", sequer podiam exercer o mesmo poder sobre as próprias fortunas que exerciam sobre as dos outros? O imperador Augusto perdeu seus filhos e netos e, depois que toda a família de César pereceu, foi obrigado a sustentar sua casa vazia adotando um filho. Ainda assim, ele suportou suas perdas com tanta bravura como se já estivesse pessoalmente envolvido na honra dos deuses e como se fosse de seu interesse especial que ninguém reclamasse da injustiça do Céu. Tibério César perdeu tanto o filho que gerou quanto o filho que adotou, mas ele mesmo pronunciou um panegírico sobre seu filho na tribuna e ficou bem à vista do cadáver, que tinha apenas uma cortina de um lado para evitar que os olhos do sumo sacerdote repousassem sobre o corpo morto, e não mudou seu semblante, embora todos os romanos chorassem. Ele deu a Sejano, que estava ao seu lado, uma prova de como podia suportar pacientemente a perda de seus parentes. Não veja o número de homens eminentes que houve, nenhum dos quais foi poupado por essa praga que nos prostra a todos. Homens adornados com toda a graça de caráter e toda distinção que a vida pública ou privada pode conferir. Parece que essa praga se moveu em uma órbita regular e espalhou a ruína e a desolação entre todos nós, sem distinção de pessoas, sendo todos igualmente sua presa. Peça a qualquer indivíduo que lhe conte a história de sua vida, e você verá que todos pagaram alguma penalidade por terem nascido.

XVI. Eu sei o que você dirá: "Você cita homens como exemplos, mas se esquece de que é uma mulher que você está tentando consolar". No entanto, quem diria que a natureza tratou com relutância as mentes das mulheres e tolheu suas virtudes? Acredite em mim, elas têm o mesmo poder intelectual que os homens e a mesma capacidade de agir de forma honrada e generosa. Se forem treinadas para isso, elas são igualmente capazes de suportar a dor ou o trabalho. Ó bons deuses, estou dizendo isso na mesma cidade em que Lucrécia e Brutus tiraram o jugo dos reis do pescoço dos romanos! Devemos a liberdade a Brutus, mas devemos Brutus a Lucrécia – na qual Cloelia, pela sublime coragem que desprezou tanto o inimigo quanto o rio, foi quase considerada um homem. A estátua de Cloelia, montada a cavalo, na via mais movimentada, a Via Sacra, censura continuamente os jovens de hoje, que nunca montam nada além de um assento almofadado em uma carruagem, por viajarem dessa maneira pela mesma cidade em que inscrevemos até mulheres entre nossos cavaleiros. Se quiser que eu lhe aponte exemplos de mulheres que suportaram bravamente a perda de seus filhos não irei muito longe para procurá-los, pois em uma família posso citar duas Cornélias, uma filha de Cipião, e a mãe dos Gracchi, que reconheceu o nascimento de seus doze filhos enterrando-os todos. Nem foi tão difícil fazer isso no caso dos outros, cujo nascimento e morte eram igualmente desconhecidos do público, mas ela viu os cadáveres assassinados e não enterrados de Tibério Gracchus e Caio Gracchus, que mesmo aqueles que não os chamam de bons devem admitir que foram grandes homens. No entanto, àqueles que tentaram consolá-la e a chamaram de infeliz, ela respondeu: "Nunca deixarei de me considerar feliz, porque sou a mãe dos Gracchi". Cornélia, esposa de Lívio Druso, perdeu pelas mãos de um assassino desconhecido um jovem filho de grande distinção, que estava seguindo os passos dos Gracchi, e foi assassinado em sua casa, justamente quando ele tinha tantos projetos de lei na metade do processo de serem aprovados e, assim, tornarem-se leis. No entanto, ela suportou a morte prematura e injustificada de seu filho com um espírito tão elevado quanto o que ele havia demonstrado ao cumprir suas leis. Márcia, você não perdoará a Providência porque ela não se absteve de atingi-la com os dardos que lançou contra os Cipiões, as mães e as filhas dos Cipiões, e com os quais atacou os próprios Césares? A vida é cheia de infortúnios, e nosso caminho é cercado por eles. Ninguém pode fazer uma longa paz, ou melhor, dificilmente um armistício com a sorte. Você, Márcia, deu à luz quatro filhos, e dizem que nenhum dardo lançado em uma coluna de soldados pode deixar de acertar um deles. Você deveria se admirar por não ter sido capaz de liderar uma companhia como essa sem despertar a má vontade da Providência ou sofrer perdas em suas mãos? "Mas", diz você, "a Providência me tratou injustamente, pois ela não apenas me privou de meu filho, mas também escolheu minha melhor amada para me privar". No entanto, você nunca poderá dizer que foi injustiçada se dividir os riscos igualmente com um antagonista mais forte do que você: A sorte lhe deixou duas filhas e os filhos delas, e não levou embora aquele por quem você agora chora, esquecendo-se do irmão mais velho dele. Você tem duas filhas dele que, se você as sustentar mal, serão um grande fardo, mas se forem bem, serão um grande conforto para você. Quando as vir, procure fazer que elas a lembrem de seu filho, e não de sua dor. Quando as árvores de um fazendeiro são arrancadas, com raízes e tudo, pelo vento, ou quebradas pela força de um furacão, ele cuida do que resta de seu estoque, planta imediatamente sementes ou mudas no lugar das que perdeu e, em um momento – pois o tempo é tão rápido para reparar perdas quanto para causá-las –, mais árvores florescentes estão crescendo do que antes. Tome, então, no lugar de seu Metilius, as duas filhas dele e, com o duplo consolo delas, alivie sua única tristeza. É verdade que a natureza humana é constituída de tal forma que não ama nada tanto quanto aquilo que perdeu, e nosso anseio por aqueles que nos foram tirados faz julgarmos injustamente aqueles que nos foram deixados. No entanto, se você decidir fazer as contas de quão misericordiosa a Providência tem sido com você, mesmo em sua raiva, você sentirá que tem mais do que o suficiente para o consolar. Olhe para todos os seus netos e para as suas duas filhas e diga também, Márcia: "Eu realmente me sentiria abatida se a sorte de todos seguisse seus destinos e se nenhum mal acontecesse às pessoas boas; mas, do jeito que está, percebo que não há distinção e que os bons e os maus são atormentados da mesma forma".

XVII. "Ainda assim, é uma coisa triste perder um jovem que você criou, justamente quando ele estava se tornando um orgulho para sua mãe e para seu país". Ninguém nega que é triste, mas é o destino comum dos mortais. Você nasceu para perder os outros, para se perder, para esperar, para temer, para destruir sua paz e a dos outros, para temer e ainda assim desejar a morte e, o pior de tudo, nunca saber qual é sua verdadeira posição. Se você estivesse prestes a viajar para Siracusa e alguém dissesse:

"Aprenda de antemão todos os desconfortos e todos os prazeres de sua próxima viagem e, então, zarpe. As paisagens que você apreciará serão as seguintes: primeiro, você verá a própria ilha, hoje separada da Itália por um estreito, mas que, como sabemos, já fez parte do continente. O mar subitamente o atravessou e separou a Sicília da costa ocidental".

Em seguida, como você poderá navegar perto de Caríbdis, o monstro mitológico sobre a qual os poetas cantaram, você verá o mais fedorento dos redemoinhos, bem suave se não estiver soprando vento sul, mas sempre que há uma ventania daquele lado, sugando os navios para um abismo enorme e profundo. Você verá a fonte de Aretusa, tão famosa em suas canções, com suas águas brilhantes e cristalinas até o fundo, e derramando uma corrente gelada que ela encontra no local ou mergulha no subsolo, leva-a até lá como um rio separado sob tantos mares, livre de qualquer mistura de água menos pura, e a traz novamente à superfície. Você verá um porto que é mais protegido do que todos os outros no mundo, sejam eles naturais ou melhorados pela arte humana para a proteção da navegação, tão seguro que mesmo as tempestades mais violentas são incapazes de o perturbar. Você verá o local onde o poder de Atenas foi quebrado, onde aquela prisão natural, escavada nas profundezas de precipícios de rocha, recebeu tantos milhares de cativos, e verá a grande cidade em si, ocupando um local mais amplo do que muitas capitais, um local extremamente quente no inverno, onde não passa um único dia sem sol. Mas quando tiver observado tudo isso, lembre-se de que as vantagens de seu clima de inverno são contrabalançadas por um verão quente e pestilento, que aqui estará o tirano Dionísio, o destruidor da liberdade, da justiça e da lei, que é ávido por poder mesmo depois de conversar com Platão, e pela vida mesmo depois de ter sido exilado, que ele queimará alguns, açoitará outros e decapitará outros por ofensas leves, que ele exercerá sua luxúria sobre ambos os gêneros. Vocês já ouviram tudo o que pode atraí-los para lá, tudo o que pode impedi-los de ir, agora, então, ou zarpem ou fiquem em casa! Se, após essa declaração, alguém dissesse que desejava ir a Siracusa, não poderia culpar ninguém além de si mesmo pelo que lhe acontecesse lá, porque não tropeçaria nisso sem saber, mas teria ido até lá plenamente consciente do que estava diante dele. A todos a natureza diz: "Eu não engano ninguém. Se você decidir ter filhos, eles podem ser bonitos ou podem ser deformados; talvez nasçam mudos. Um deles talvez se revele o salvador de seu país, ou talvez seu traidor. Você não precisa se desesperar com a possibilidade de eles serem elevados a tal honra que, por causa deles, ninguém ousará falar mal de você; no entanto, lembre-se de que eles podem chegar a um nível de infâmia tal que se tornem maldições para você. Não há nada que impeça que eles realizem os últimos ofícios para você e que seu panegírico seja proferido por seus filhos; mas esteja preparado para colocar um filho, seja ele menino, homem ou barba grisalha, na pira funerária, pois os anos não têm nada a ver com o assunto, já que todo tipo de funeral em que um pai enterra seu filho deve ser inoportuno. Se você ainda decidir criar filhos, depois que eu lhe explicar essas condições, você se tornará incapaz de culpar os deuses, pois eles nunca lhe garantiram nada".

XVIII. Você pode fazer esse símile ser aplicado a toda a sua entrada na vida. Eu lhe expliquei quais são os atrativos e as desvantagens que você teria se estivesse pensando em ir para Siracusa. Agora, suponha que eu viesse e lhe desse conselhos quando você estivesse para nascer. "Você está prestes", eu diria, "a entrar em uma cidade da qual tanto os deuses quanto os humanos são cidadãos, uma cidade que contém todo o Universo, que está ligada por leis irrevogáveis e eternas, e onde os corpos celestes seguem seus cursos incansáveis". Você verá nela inúmeras estrelas cintilantes e o Sol, cuja luz única permeia todos os lugares, que por seu curso diário marca as horas do dia e da noite, e por seu curso anual faz uma divisão mais igualitária entre o verão e o inverno. Você verá que seu lugar é ocupado à noite pela Lua, que, em seus encontros com seu irmão, empresta uma luz mais suave e delicada e que, em um momento, é invisível e, em outro, paira de frente sobre a Terra, sempre crescendo e diminuindo, cada fase diferente da anterior. Você verá cinco estrelas, movendo-se na direção oposta às outras, controlando o turbilhão dos céus em direção ao Oeste, e dos menores movimentos dessas estrelas dependem as fortunas das nações e, de acordo com o aspecto dos planetas, auspicioso ou maligno, os maiores impérios se erguem e caem. Você verá com admiração as nuvens que se acumulam, as chuvas que caem, os relâmpagos em zigue-zague, o choque dos céus. Quando, saciado com as tais maravilhas, você voltar seus olhos para a Terra, eles serão recebidos por objetos de um aspecto diferente, mas igualmente admirável, de um lado, uma extensão ilimitada de planícies abertas, de outro, os picos imponentes de montanhas altas e cobertas de neve. O curso descendente dos rios, alguns córregos correndo para o Leste, outros para o Oeste, originados da mesma fonte. Os bosques que ondulam até no topo das montanhas, as vastas florestas com todas as criaturas que nelas habitam e a harmonia confusa dos pássaros. As cidades localizadas em vários lugares, as nações que os obstáculos naturais mantêm isoladas do mundo, algumas das quais se retiram para as altas montanhas, ao passo que outras habitam com medo e tremor nas margens inclinadas dos rios. As colheitas que são auxiliadas pelo cultivo e as árvores que dão frutos mesmo sem ele, os rios que fluem suavemente pelos prados, as lindas baías e margens que se curvam para dentro para formar portos. As inúmeras ilhas espalhadas pelo continente, que quebram e emaranham os mares. O que dizer do brilho das pedras e gemas, do ouro que rola entre as areias dos riachos, dos fogos celestiais que irrompem do meio da terra e até do meio do mar, do próprio oceano, que liga terra a terra, dividindo as nações por suas três reentrâncias e fervendo com grande fúria? Nadando em suas ondas, agitando-as e inchando sem vento, você verá animais que excedem o tamanho de qualquer um que pertença à terra, alguns desajeitados e que precisam de outros para guiar seus movimentos, outros velozes e que se movem mais rápido do que os maiores esforços dos remadores, alguns deles que bebem nas águas e as sopram novamente para os grandes perigos daqueles que navegam perto deles. Você verá aqui navios buscando terras desconhecidas: você verá que a audácia do homem não deixa nada sem ser tentado, e você mesmo será testemunha e participante de grandes atentados. Você aprenderá e ensinará as artes pelas quais as vidas das pessoas são supridas de necessidades, são adornadas e são governadas, mas nesse mesmo lugar haverá mil pestes fatais tanto para o corpo quanto para a mente, haverá guerras e roubos nas estradas, envenenamentos e naufrágios, extremos climáticos e excessos corporais, tristezas inoportunas para nossos entes queridos e morte para nós mesmos, da qual não podemos dizer se será fácil ou por tortura nas mãos do carrasco. Agora, considere e pondere cuidadosamente em sua mente o que você escolheria. Se você desejar desfrutar dessas bênçãos, precisará passar por essas dores. Você responde que escolhe viver? Eu pensei que você não iria se envolver com aquilo cuja menor diminuição causa dor. Viva, então, como foi combinado. Você diz: "Ninguém pediu minha opinião". A opinião de nossos pais foi tomada a nosso respeito, quando, sabendo quais são as condições da vida, eles nos trouxeram para ela.

XIX. Para chegar a tópicos de consolo, em primeiro lugar, considere, por favor, a que nossos remédios devem ser aplicados e, em seguida, de que maneira. É o pesar pela ausência de seu ente querido que faz o enlutado se entristecer. No entanto, é claro que isso, por si só, é suficientemente suportável, pois não choramos por sua ausência ou por sua intenção de estar ausente durante sua vida, embora, quando eles saem de nossa vista, não tenhamos mais prazer neles. O que nos tortura, portanto, é uma ideia. Agora, todo mal é tão grande quanto o consideramos ser, uma vez que temos o remédio em nossas mãos. Suponhamos que eles estejam em uma viagem e enganemos a nós mesmos. Nós os mandamos embora, ou melhor, nós os mandamos com antecedência para um lugar onde logo os seguiremos. Além disso, os enlutados costumam sofrer com este pensamento: "Não terei ninguém para me proteger, ninguém para me vingar quando eu for desprezado". Para usar um modo de consolo muito desonesto, mas muito verdadeiro, posso dizer que em nosso país a perda de filhos confere mais influência do que a tira, e a solidão, que costumava levar os idosos à ruína, agora os torna tão poderosos que alguns velhos fingem brigar com os filhos, renegam os próprios filhos e ficam sem filhos por causa da própria ação. Eu sei que você dirá o seguinte: "De fato, uma pessoa não merece ser consolada se lamentar a morte de seu filho como lamentaria a morte de um escravo, que é capaz de ver algo em seu filho além do próprio filho". Então, Márcia, o que é que a aflige? É o fato de seu filho ter morrido ou de ter vivido pouco? Se é o fato de ele ter morrido, então você sempre deveria ter sofrido, pois sempre soube que ele morreria. Reflita que os mortos não sofrem nenhum mal, que todas as histórias que nos fazem temer o mundo inferior são meras fábulas, que aquele que morre não precisa temer nenhuma escuridão, nenhuma prisão, nenhuma corrente de fogo ardente, nenhum rio Lete [rio do Inferno no qual as pessoas que bebessem de suas águas esqueciam-se das vidas passadas], nenhum tribunal diante do qual deva comparecer, e que a morte é uma liberdade tão absoluta que ele não precisa temer mais déspotas. Tudo isso é uma fantasia dos poetas, que nos aterrorizaram sem motivo. A morte é a libertação e o fim de todas as dores, pois, além dela, nossos sofrimentos não podem se estender. Ela nos devolve ao repouso pacífico em que estávamos antes de nascermos. Se alguém tem pena dos mortos, também deve ter pena daqueles que ainda não nasceram. A morte não é uma coisa boa nem ruim, pois somente aquilo que é alguma coisa pode ser uma coisa boa ou ruim, já aquilo que não é nada e reduz todas as coisas a nada não nos entrega nem à sorte, porque o bem e o mal requerem algum material para serem trabalhados. A sorte não pode se apoderar daquilo que a natureza deixou de lado, tampouco uma pessoa pode ser infeliz se não for nada. Seu filho ultrapassou a fronteira do país onde pessoas são forçadas a trabalhar, ele alcançou uma paz profunda e eterna. Ele não sente medo da carência, não se preocupa com suas riquezas, não sente os aguilhões da luxúria que dilacera o coração sob o disfarce do prazer, não sente inveja da prosperidade alheia, não é esmagado pelo peso da própria prosperidade, sequer seus ouvidos são feridos por qualquer zombaria. Ele não é ameaçado por nenhum desastre nem para seu país nem para si mesmo. Ele não se pendura, cheio de ansiedade, no desenrolar dos acontecimentos para colher uma incerteza ainda maior como recompensa, uma vez que ele finalmente assumiu uma posição da qual nada pode o desalojar, onde nada pode o amedrontar.

XX. Oh, quão pouco as pessoas compreendem a própria miséria, a ponto de não louvarem e aguardarem ansiosamente a morte como a melhor descoberta da natureza, seja porque ela protege a felicidade, seja porque afasta a miséria. Ela põe fim ao cansaço saciado da velhice, corta a juventude em seu florescimento enquanto ainda cheia de esperança de coisas melhores, ou chama a infância de volta para casa antes que os estágios mais duros da vida sejam alcançados. Ela é o fim de todas as pessoas, um alívio para muitas, um desejo para algumas, e não trata ninguém tão bem quanto aqueles a quem ela chega antes que eles a peçam. A morte liberta o escravo, embora seu mestre não queira, alivia as correntes do cativo, tira da prisão aqueles a quem o poder obstinado proibiu de sair dela, indica aos exilados, cujas mentes e olhos estão sempre voltados para seu país, que não faz diferença em que solo estejam.

Quando a Providência dividiu injustamente o estoque comum e entregou um ser humano a outro, embora eles tenham nascido com direitos iguais, a morte os torna todos iguais. Depois da morte, ninguém mais age sob as ordens de outro, porque na morte nenhuma pessoa sofre mais com a sensação de sua baixa posição. Está aberto a todos: era o que seu pai, Márcia, desejava, e é isso, eu digo, que não torna uma miséria nascer, que me permite enfrentar as ameaças do infortúnio sem vacilar e manter minha mente ilesa e capaz de comandar a si mesma. Tenho um último apelo. Vejo diante de mim cruzes que não são todas iguais, mas feitas de forma diferente por povos diferentes. Alguns penduram uma pessoa de cabeça para baixo, outros forçam uma vara para cima em sua virilha, outros estendem seus braços em uma forquilha bifurcada. Vejo cordas, açoites e instrumentos de tortura para cada membro e cada articulação, mas também vejo a morte. Há inimigos sedentos de sangue, há compatriotas autoritários, mas onde eles estão, eu também vejo a morte. A escravidão não é dolorosa se uma pessoa puder ganhar sua liberdade em um passo, assim que se cansar da escravidão. Vida, é graças à morte que tenho tanto carinho por você. Pense em quão grande é a bênção de uma morte oportuna, quantos foram prejudicados por viverem mais do que deveriam. Se a doença tivesse levado a glória e o apoio do Império, Cneu Pompeu Magno, em Nápoles, teria morrido como o líder indiscutível do povo romano, mas, do jeito que foi, um curto período de tempo o derrubou do pináculo de sua fama. Ele viu suas legiões serem massacradas diante de seus olhos, e que triste relíquia daquela batalha, na qual o Senado formou a primeira linha, foi a sobrevivência do general. Ele viu seu açougueiro egípcio e ofereceu seu corpo, santificado por tantas vitórias, à espada de um guarda, embora, mesmo se tivesse saído ileso, teria lamentado sua segurança, pois o que poderia ter sido mais infame do que um Pompeu dever sua vida à clemência de um rei? Se Marco Cícero tivesse caído no momento em que evitava os punhais que Catilina apontava tanto para ele quanto para seu país, ele poderia ter morrido como o salvador da comunidade que ele havia libertado, e se sua morte tivesse seguido a de sua filha ele poderia ter morrido feliz. Ele não teria visto espadas desembainhadas para o massacre de cidadãos romanos, os bens dos assassinados divididos entre os assassinos para que os homens pudessem pagar do próprio bolso o preço do sangue deles, o leilão público do espólio do cônsul na guerra civil, a divulgação pública de assassinatos a serem cometidos, a bandalheira, a guerra, a pilhagem, as hostes de Catilina. Não teria sido bom para Marco Catão se o mar o tivesse engolido quando ele estava voltando de Chipre depois de sequestrar os bens hereditários do rei, mesmo que esse dinheiro que ele estava trazendo para pagar os soldados na guerra civil tivesse se perdido com ele? Ele certamente teria sido capaz de se gabar de que ninguém ousaria fazer algo errado na presença de Catão, como foi, o prolongamento de sua vida por mais alguns anos forçou alguém que nasceu para a liberdade pessoal e política a fugir de César e se tornar seguidor de Pompeu. A morte prematura, portanto, não lhe causou nenhum mal. Na verdade, ela pôs fim ao poder de qualquer mal de o prejudicar.

XXI. "No entanto", você diz, "ele morreu muito cedo e inoportunamente". Em primeiro lugar, suponha que ele tenha vivido até a velhice extrema, então, deixe-o continuar vivo até os limites extremos da existência humana, pois, quanto é, afinal? Nascidos por um breve espaço de tempo, consideramos esta vida como uma pousada da qual logo sairemos para prepará-la para o hóspede que virá. Será que estou falando de nossas vidas, que sabemos que passam incrivelmente rápido? Conte os séculos das cidades, e você verá que mesmo aquelas que se gabam de sua antiguidade não existem há muito tempo. Todas as obras humanas são breves e efêmeras, elas não ocupam parte alguma do tempo infinito. Comparada ao padrão do Universo, consideramos esta nossa Terra, com todas as suas cidades, nações, rios e mares um mero ponto, e nossa vida ocupa menos do que um ponto quando comparada a todo o tempo, cuja medida excede a do mundo, pois, de fato, o mundo está contido muitas vezes nela. De que importância, então, pode ser prolongar aquilo que, por mais que você acrescente, nunca será muito mais do que nada? Só podemos tornar nossas vidas longas por meio de um expediente, ou seja, estando satisfeitos com sua duração. Você pode me contar sobre pessoas de vida longa, cuja duração dos dias foi celebrada pela tradição, você pode atribuir cento e dez anos a cada uma delas, e ainda assim, quando você permitir que sua mente conceba a ideia de eternidade, não haverá diferença entre a vida mais curta e a mais longa se você comparar o tempo durante o qual alguém esteve vivo àquele durante o qual ele não esteve vivo. Em segundo lugar, quando ele morreu, sua vida estava completa. Ele havia vivido o tempo que precisava viver. Não havia mais nada para ele realizar. Nem todas as pessoas envelhecem na mesma idade, sequer todos os animais, já que alguns se cansam da vida aos quatorze anos de idade, e o que é apenas o primeiro estágio da vida no ser humano é o limite extremo de sua longevidade. A cada pessoa foi atribuída uma duração variável de dias, e ninguém morre antes de seu tempo, porque ela não estava destinada a viver mais do que viveu. O fim de cada ser humano é fixo e sempre permanecerá onde foi colocado, pois nem a indústria nem o favor o levarão adiante. Acredite, então, que você o perdeu por conselho, e ele levou tudo o que era dele, "e alcançou a meta estabelecida para sua vida".

Portanto, você não precisa se preocupar com o pensamento: "Ele poderia ter vivido mais". Sua vida não foi encurtada, pois nem o acaso jamais encurta nossos anos. Cada pessoa recebe tanto quanto lhe foi prometido, e o destino segue seu caminho e não acrescenta nem retira nada do que prometeu. As orações e os esforços são todos em vão. Cada pessoa terá tanta vida quanto o seu primeiro dia lhe deu, e desde o momento em que viu a luz pela primeira vez entrou no caminho que leva à morte e está se aproximando de seu destino. Os mesmos anos que foram acrescentados à sua juventude foram subtraídos de sua vida. Todos nós caímos no erro de supor que são apenas os idosos, já no declínio da vida, que estão se aproximando da morte, ao passo que nossa primeira infância, nossa juventude, na verdade, todos os momentos da vida nos levam até lá. Os destinos fazem seu trabalho, e eles tiram de nós a consciência de nossa morte. De modo a melhor ocultar suas aproximações, a morte se esconde sob os próprios nomes que damos à vida, e a infância se transforma em infância, a maturidade engole o menino, a velhice o ser humano. Se você os considerar corretamente esses estágios constatará que são várias as perdas.

XXII. Você se queixa, Márcia, de que seu filho não viveu tanto quanto poderia ter vivido? Como você sabe se foi vantajoso para ele viver mais tempo? Se o interesse dele não foi atendido por essa morte? Quem você pode encontrar atualmente cujas fortunas estejam assentadas em bases tão seguras que não tenham nada a temer no futuro? Todos os assuntos humanos são evanescentes e perecíveis, e nenhuma parte de nossa vida é tão frágil e sujeita a acidentes como aquela que desfrutamos especialmente. Devemos, portanto, orar pela morte quando nossa sorte está no auge, pois a incerteza e a agitação em que vivemos são tão grandes que não podemos ter certeza de nada além do que já passou. Pense no belo corpo de seu filho, que você guardou com perfeita pureza em meio a todas as tentações de uma capital voluptuosa. Quem poderia ter se encarregado de mantê-lo livre de todas as doenças, de modo que pudesse preservar a beleza de sua forma até a velhice? Pense nas muitas máculas da mente, pois as boas disposições nem sempre continuam até o fim da vida a cumprir a promessa de sua juventude, mas muitas vezes se desfazem. Ou a extravagância, ainda mais vergonhosa por ser praticada tarde na vida, toma conta das pessoas e faz que suas vidas bem iniciadas terminem em desgraça, ou elas dedicam todos os seus pensamentos à casa de comida e à barriga, e não se interessam por nada além do que devem comer e beber. Acrescente-se a isso as conflagrações, as quedas de casas, os naufrágios, as operações agonizantes dos cirurgiões, que cortam pedaços de ossos dos corpos vivos das pessoas, mergulham as mãos inteiras em suas entranhas e infligem mais de um tipo de dor para efetuar a cura de doenças vergonhosas. Depois disso vem o exílio, seu filho não era mais inocente do que Rutílio. A prisão, ele não era mais sábio do que Sócrates. A perfuração do peito por uma ferida autoinfligida, ele não tinha uma vida mais santa do que Catão. Ao observar esses exemplos você perceberá que a natureza lida muito bem com aqueles que ela coloca rapidamente em um lugar seguro, porque lá os aguarda o pagamento de um preço como esse por suas vidas. Nada é tão enganoso, nada é tão traiçoeiro quanto a vida humana. Por Hércules, se ela não fosse dada às pessoas antes que elas pudessem formar uma opinião, ninguém a aceitaria. Não nascer, portanto, é o destino mais feliz de todos, e a coisa mais próxima disso, imagino, é que logo terminaremos nossa luta aqui e seremos devolvidos novamente ao nosso antigo descanso. Lembre-se daquele momento, tão doloroso para você, durante o qual Sejano entregou seu pai de presente ao cliente dele, Satrius Secundus. Ele estava zangado com ele por causa de uma coisa ou outra que ele havia dito com muita liberdade, porque ele não foi capaz de manter o silêncio e ver Sejano subindo para se sentar em nossos pescoços, o que teria sido ruim o suficiente se ele tivesse sido colocado lá por seu mestre. Foi-lhe decretada a honra de uma estátua, a ser erguida no teatro de Pompeu, que havia sido incendiado e estava sendo restaurado por César. Cordus exclamou: "Agora o teatro foi realmente destruído". O que ele não deveria fazer, então, para não explodir de raiva por um Sejano ser erguido sobre as cinzas de Pompeu, por um soldado infiel ser homenageado no memorial de um comandante consumado? A inscrição foi colocada, e aqueles que tinham um cheiro forte os cães de caça que Sejano usava para se alimentar de sangue humano, para torná-los mansos para si mesmo e ferozes para todo o mundo, começaram a se aproximar de sua vítima e até a dar estalos prematuros nele. O que ele deveria fazer? Se quisesse viver, deveria obter o consentimento de Sejano, mas se quisesse morrer deveria obter o de sua filha, e nenhum deles poderia ser persuadido a consentir. Portanto, ele decidiu enganar sua filha e, depois de tomar um banho para se enfraquecer ainda mais, retirou-se para seu quarto de dormir, sob o pretexto de fazer uma refeição lá. Depois de dispensar seus escravos, ele jogou parte da comida pela janela, para parecer que a havia comido. Em seguida, não jantou, dando a desculpa de que já tinha comida suficiente em seu quarto. Isso ele continuou a fazer no segundo e no terceiro dia, mas no quarto dia ele revelou sua condição por meio de sua fraqueza física. Então, abraçando você, "Minha querida filha", disse ele, "de quem eu nunca escondi nada além disso durante toda a sua vida, eu comecei minha jornada rumo à morte e já percorri metade do caminho até lá. Você não pode e não deve me chamar de volta". Dito isso, ele ordenou que toda a luz fosse retirada do quarto e se fechou na escuridão. Quando sua determinação se tornou conhecida, houve um sentimento geral de prazer pelo fato de a presa ter sido arrancada das mandíbulas daqueles lobos vorazes. Seus acusadores, a pedido de Sejano, foram ao tribunal dos cônsules, reclamaram que Cordus estava morrendo e imploraram aos cônsules que interviessem para impedir que ele fizesse o que eles mesmos o haviam levado a fazer. Tanto era verdade que Cordus parecia estar escapando, uma vez que uma questão importante estava em jogo, a saber, se o acusado deveria perder o direito de morrer. Enquanto esse ponto estava sendo debatido, e os promotores iam comparecer ao tribunal pela segunda vez, ele se libertou deles. Está vendo, Márcia, como os dias maus chegam de repente a qualquer pessoa? E você chora porque um membro de sua família não pôde evitar a morte? Um membro de sua família estava a um passo de não poder morrer.

XXIII. Além do fato de que tudo o que é futuro é incerto, e a única certeza é que é mais provável que acabe mal do que bem, nossos espíritos acham que o caminho para os deuses do alto é mais fácil quando logo se permite que eles deixem a sociedade humana, porque então eles contraíram menos impurezas. Se forem libertados antes de se tornarem mundanos endurecidos, antes que as coisas terrenas tenham se aprofundado demais neles, eles voam com mais leveza de volta ao lugar de onde vieram e lavam com mais facilidade as manchas e impurezas que possam ter contraído. As grandes mentes nunca gostam de permanecer muito tempo no corpo, pois elas estão ansiosas para romper suas amarras e escapar dele, elas se irritam com a estreiteza de sua prisão, tendo o hábito de vagar pelo espaço e, do alto, olhar com desprezo para os assuntos humanos. É por isso que Platão declara que a mente de uma pessoa sábia está inteiramente entregue à morte, anseia por ela, contempla-a e, por meio de sua ânsia por ela, está sempre se esforçando por coisas que estão além desta vida. Por que, Márcia, quando você o viu ainda jovem exibindo a sabedoria da idade, com uma mente que podia se elevar acima de todos os prazeres sensuais, sem falhas e sem mácula, capaz de conquistar riquezas sem ganância, cargos públicos sem ambição, prazeres sem extravagância, você supôs que por muito tempo seria seu destino mantê-lo seguro ao seu lado? O que quer que tenha atingido a perfeição está pronto para a dissolução. A virtude consumada foge e se esconde de nossa vista, e as coisas que chegam à maturidade no primeiro estágio de sua existência não esperam pelo último. Quanto mais brilhante o fogo brilha, mais cedo ele se apaga, e ele dura mais quando é feito com combustível ruim e de queima lenta, e mostra uma luz fraca em meio a uma nuvem de fumaça. O fato de ser mal alimentado faz que ele se prolongue ainda mais. Assim também, quanto mais brilhantes são as mentes dos humanos, mais curta é sua vida, pois quando não há espaço para mais crescimento, o fim está próximo. Fabianus nos conta, o que nossos pais viram, que havia em Roma um menino de estatura gigantesca, superior à de um homem, mas ele logo morreu, e todas as pessoas sensatas sempre diziam que ele morreria em breve, pois não poderia viver para atingir a idade que havia assumido antes do tempo. Assim é, pois, a maturidade completa demais é uma prova de que a destruição está próxima, e o fim se aproxima quando o crescimento termina.

XXIV. Comece a contar sua idade, não pelos anos, mas pelas virtudes, a fim de verificar se viveu o suficiente. Foi deixado como pupilo sob os cuidados de tutores até seus quatorze anos e nunca saiu dos cuidados de sua mãe. Quando teve a própria casa, não quis deixar a sua e continuou a viver sob o teto de sua mãe, embora poucos filhos possam suportar viver sob o teto de seu pai. Embora fosse um jovem cuja altura, beleza e vigor corporal o destinassem ao exército, ele se recusou a servir para não se separar de você. Considere, Márcia, quão raramente as mães que vivem em casas separadas veem seus filhos. Considere como elas perdem e passam ansiosas todos os anos durante os quais têm filhos no exército, e você verá que esse tempo, nenhum dos quais você perdeu, foi considerável, pois ele nunca saiu de sua vista, e foi sob seus olhos que ele se dedicou ao cultivo de um intelecto admirável e que teria rivalizado com o de seu avô, se não tivesse sido impedido pela timidez, que escondeu as realizações de muitos homens. Embora fosse um jovem de beleza incomum e vivesse em meio a uma multidão de mulheres que tinham como objetivo seduzir os homens, ele não satisfazia os desejos de nenhuma delas e, quando a audácia de algumas as levava ao ponto de tentá-lo, ele corava tanto por ter encontrado graça aos olhos delas como se fosse culpado. Por meio dessa santidade de vida, ele fez que enquanto ainda era um garoto fosse considerado digno do sacerdócio, o que, sem dúvida, ocorreu por causa da influência de sua mãe. Mas mesmo a influência de sua mãe não teria tido peso se o candidato para o qual foi exercida tivesse sido inadequado para o cargo. Reflita sobre essas virtudes e cuide de seu filho como se ele estivesse em seu colo, porque agora ele está mais à vontade para responder às suas carícias, ele não tem nada que o afaste de você, ele nunca será uma ansiedade ou uma tristeza para você. Você se entristeceu com a única tristeza que um filho tão bom poderia lhe causar, e tudo o mais está além do poder da sorte de prejudicar, e é cheio de prazer, se você souber como fazer uso de seu filho, se souber qual era sua qualidade mais preciosa. Foi apenas a aparência externa de seu filho que pereceu, sua semelhança, e não muito boa, uma vez que ele próprio é imortal e está agora em um estado muito melhor, livre do fardo de tudo o que não era dele e deixado simplesmente por si mesmo. Todo esse aparato de ossos e tendões que vemos ao nosso redor, essa cobertura de pele, esse rosto, esses nossos servos, as mãos, e todo o resto de nosso ambiente, não passam de correntes e trevas para a alma. Eles a oprimem, sufocam, corrompem, enchem-na de ideias falsas e a mantêm distante de sua esfera verdadeira, e ela precisa lutar continuamente contra esse fardo da carne, para que não seja arrastada e afundada por ele. Ele sempre se esforça para se elevar novamente ao lugar de onde foi enviado à Terra. Lá, o descanso eterno o aguarda, lá ele contemplará o que é puro e claro, no lugar do que é sujo e turvo.

XXV. Não precisa, portanto, apressar-se para o local de sepultamento de seu filho, pois o que lá jaz é apenas a pior parte dele e o que lhe deu mais trabalho, apenas ossos e cinzas, que não são mais partes dele do que roupas ou outras coberturas de seu corpo. Ele está completo e, sem deixar qualquer parte de si mesmo para trás na Terra, alçou voo e partiu completamente, permaneceu um breve espaço acima de nós enquanto sua alma estava sendo limpa e purificada dos vícios e da ferrugem que todas as vidas mortais devem contrair, e de lá ele se elevará aos altos céus e se juntará às almas dos abençoados: Uma santa companhia o receberá lá – Cipião e Catão – e, entre os demais que mantiveram a vida barata e se libertaram graças à morte, embora todos sejam semelhantes, seu pai, Márcia, abraçará o neto enquanto ele se regozija com a luz inesperada, ensinará a ele o movimento das estrelas que estão tão próximas a eles e o introduzirá com alegria em todos os segredos da natureza, não por adivinhação, mas por conhecimento real. Da mesma forma que um estranho é grato a quem lhe mostra o caminho em uma cidade desconhecida, um pesquisador que busca as causas do que vê nos céus procura alguém da própria família que possa lhe explicar. Ele se deleitará em olhar para as profundezas da Terra, pois é um prazer olhar do alto para o que foi deixado embaixo. Portanto, Márcia, comporte-se como se estivesse diante dos olhos de seu pai e de seu filho, mas não como você os conhecia, mas como seres muito mais elevados, colocados em uma esfera mais alta. Coragem, então, para realizar qualquer ação mesquinha ou comum, ou para chorar por seus parentes que foram transformados para melhor. Livres para vaguear pelos reinos abertos e ilimitados do Universo eterno, eles não são impedidos em seu curso por mares intermediários, montanhas elevadas, vales intransponíveis ou pelos traiçoeiros, mas eles encontram um caminho plano em todos os lugares, tornando-se rápidos e prontos para o movimento e, por sua vez, são permeados pelas estrelas e habitam junto a elas.

XXVI. Imagine, então, Márcia, que seu pai, cuja influência sobre você era tão grande quanto a sua sobre seu filho, não mais naquele estado de espírito em que deplorava as guerras civis, ou em que proscrevia para sempre aqueles que o teriam proscrito, mas em um estado de espírito tão mais alegre quanto sua morada agora é mais alta do que antigamente, está dizendo, enquanto olha do alto do céu: "Minha filha, por que essa tristeza a possui por tanto tempo? Por que você vive em tal ignorância da verdade, a ponto de pensar que seu filho foi injustiçado por ter retornado a seus ancestrais em seu auge, sem deterioração do corpo ou da mente, deixando sua família florescente? Você não sabe com que tempestades a Providência perturba tudo? Como ela se mostra gentil e complacente com ninguém, exceto com aqueles que têm o mínimo possível de relações com ela? Preciso lembrá-la de reis que teriam sido os mais felizes dos mortais se a morte os tivesse retirado mais cedo da ruína que se aproximava deles? Ou de generais romanos, cuja grandeza, se apenas alguns anos tivessem sido tirados de suas vidas, não teriam precisado de nada para torná-la completa? Ou ainda de homens da mais alta distinção e do mais nobre nascimento que ofereceram calmamente seus pescoços ao golpe da espada de um soldado? Olhe para seu pai e seu avô: o primeiro caiu nas mãos de um assassino estrangeiro, eu não permiti que ninguém tomasse nenhuma liberdade comigo e, por meio da abstinência de alimentos, mostrei que meu espírito era tão grande quanto meus escritos o representavam. Por que, então, o membro de nossa família que morreu mais feliz de todos deveria ser lamentado por mais tempo? Todos nós nos reunimos e, não estando mergulhados na escuridão total, vemos que com vocês na Terra não há nada a ser desejado, nada grandioso ou magnífico, mas tudo é mesquinho, triste, ansioso e dificilmente recebe uma fração da luz clara em que vivemos. Não preciso dizer que aqui não há cargas frenéticas de exércitos rivais, tampouco frotas se despedaçando umas às outras nem parricídios, reais ou meditados, nem tribunais onde os homens tagarelam sobre processos judiciais por dias seguidos, aqui não há nada dissimulado, todos os corações e mentes estão abertos e revelados, nossa vida é pública e conhecida por todos, e temos uma visão de todos os tempos e das coisas que estão por vir. Eu costumava ter prazer em compilar a história do que aconteceu em um século entre umas poucas pessoas no canto mais afastado do mundo, mas aqui eu desfruto do espetáculo de todos os séculos, de toda a cadeia de eventos de uma época para outra, desde que os anos se passaram. Posso ver os reinos quando se erguem e quando caem, e contemplar a ruína das cidades e os novos canais feitos pelo mar. Se lhe servir de consolo em seu luto saber que esse é o destino comum de todos, tenha certeza de que nada continuará no lugar em que está agora, mas que o tempo derrubará tudo e o levará consigo. Ele se divertirá, não apenas com as pessoas – pois quão pequena é a parte deles no domínio da fortuna –, mas com distritos, províncias, bairros do mundo. Ele apagará montanhas inteiras e, em outros lugares, empilhará novas rochas no alto, secará mares, mudará o curso dos rios, destruirá o relacionamento de nação com nação e romperá a comunhão e a irmandade da raça humana. Em outras regiões, engolirá cidades abrindo vastos abismos na terra, sacudirá as cidades com terremotos, expelirá a peste do mundo inferior, cobrirá todo o solo habitável com inundações e destruirá todas as criaturas do mundo inundado, ou queimará todos os mortais em uma enorme conflagração. Quando chegar o momento em que o mundo chegará ao fim, para que possa recomeçar sua vida, todas as forças da natureza perecerão em conflito umas com as outras, as estrelas serão esmagadas juntas, e todas as luzes que agora brilham em ordem regular em várias partes do céu brilharão em um único fogo com todo o seu combustível queimando ao mesmo tempo. Então, nós também, as almas dos bem-aventurados e os herdeiros da vida eterna, sempre que Deus achar conveniente reconstruir o Universo, quando todas as coisas estiverem se estabelecendo novamente, nós também, sendo um pequeno acessório do naufrágio universal, seremos transformados em nossos antigos elementos. Feliz é seu filho, Márcia, porque agora ele sabe disso".

O SÉTIMO DIÁLOGO DE SÊNECA, DIRIGIDO A GÁLIO

DE UMA VIDA FELIZ

I. Todas as pessoas, irmão Gálio, desejam viver felizes, mas não conseguem perceber exatamente o que torna a vida feliz. E está tão longe de ser fácil alcançar a felicidade que, quanto mais ansiosamente alguém se esforça para alcançá-la, mais se afasta dela se tomar a estrada errada, pois, como ela leva na direção oposta, sua rapidez o afasta ainda mais. Portanto, devemos primeiro definir claramente qual é o nosso objetivo, e em seguida, devemos considerar por qual caminho podemos alcançá-lo mais rapidamente, pois em nossa jornada, desde que seja feita na direção correta, saberemos quanto progresso fizemos a cada dia e quanto mais perto estamos da meta para a qual nossos desejos naturais nos impelem. Mas, enquanto vagarmos ao acaso, sem seguir nenhum guia, exceto os gritos e clamores discordantes daqueles que nos convidam a seguir em direções diferentes, nossa curta vida será desperdiçada em andanças inúteis, mesmo que trabalhemos dia e noite para obter felicidade. Não decidamos, portanto, para onde devemos ir e por qual caminho, sem o conselho de alguma pessoa experiente que tenha explorado a região na qual estamos prestes a entrar, porque essa jornada não está sujeita às mesmas condições das outras, porque nelas alguma trilha claramente compreendida e as perguntas feitas aos nativos tornam impossível errarmos, mas aqui as trilhas mais batidas e frequentadas são as que mais nos desviam. Nada, portanto, é mais importante do que não seguirmos, como ovelhas, o rebanho que nos precedeu e, assim, seguirmos não para onde devemos, mas para onde os outros estão indo. Ora, nada nos leva a maiores problemas do que nossa subserviência aos boatos comuns e nosso hábito de pensar que as coisas melhores são aquelas que são mais comumente recebidas como tais, de tomar muitas falsificações por coisas realmente boas e de viver não pela razão, mas pela imitação dos outros.

Essa é a causa dos grandes amontoados para os quais os seres humanos correm até ficarem empilhados uns sobre os outros. Em um grande aglomerado de pessoas, quando a multidão se aperta sobre si mesma, ninguém pode cair sem atrair outra pessoa para cima de si, e aqueles que vão à frente causam a destruição dos que os seguem. Você pode observar a mesma coisa na vida humana: ninguém pode simplesmente errar por si mesmo, mas deve se tornar tanto a causa quanto o conselheiro do erro de outra pessoa. É prejudicial seguir a marcha daqueles que nos precedem e, como cada um prefere acreditar em outro a formar a própria opinião, nunca fazemos um julgamento deliberado sobre a vida, mas algum erro tradicional sempre nos enreda e nos leva à ruína, e perecemos porque seguimos os exemplos de outras pessoas. No entanto, deveríamos ser curados disso se nos desligássemos do rebanho, mas do jeito que está a multidão está pronta para lutar contra a razão em defesa do próprio erro. Consequentemente, acontece a mesma coisa que nas eleições em que, quando a brisa inconstante do favor popular se desvia, aqueles que foram escolhidos cônsules e preceptores são vistos com admiração pelos próprios homens que os tornaram assim. O fato de todos aprovarmos e desaprovarmos as mesmas coisas é o fim de toda decisão que é tomada de acordo com a voz da maioria.

II. Quando estamos considerando uma vida feliz, você não pode me responder como se, após uma divisão da Câmara, "esta opinião tem a maioria dos apoiadores", porque, por essa mesma razão, é a pior das duas, pois as coisas não estão tão bem com a humanidade que a maioria deva preferir o melhor curso, e quanto mais pessoas fizerem uma coisa, pior ela provavelmente será. Portanto, perguntemos não o que é mais comumente feito, mas o que é melhor para nós fazermos, e o que nos estabelecerá na posse da felicidade eterna, não o que é aprovado pelos vulgares, os piores expoentes possíveis da verdade. Por "os vulgares" eu me refiro tanto àqueles que usam mantos brancos quanto àqueles que usam mantos coloridos, pois não considero a cor das roupas com as quais eles estão cobertos [refere-se àqueles que usam mantos brancos em razão de serem candidatos a cargos públicos na Roma Antiga]. Não confio em meus olhos para me dizer o que é um homem, mas tenho uma luz melhor e mais confiável pela qual posso distinguir o que é verdadeiro do que é falso. Deixe a mente descobrir o que é bom para a mente. Se uma pessoa der à sua mente algum espaço para respirar e tiver tempo para conversar consigo mesmo, que verdades ela confessará a si mesma, depois de ter sido submetida à tortura por si mesma? Ela dirá: "Tudo o que fiz até agora, gostaria que não tivesse sido feito; quando penso no que disse, invejo as pessoas burras; tudo o que desejei parece ter sido o que meus inimigos rezariam para que acontecesse comigo; bom Deus, como o que temi parece ser mais suportável do que o que desejei. Estive em inimizade com muitas pessoas e transformei minha aversão a elas em amizade, se é que pode haver amizade entre pessoas más; no entanto, ainda não me reconciliei comigo mesmo. Esforcei-me com todas as minhas forças para me elevar acima do rebanho comum e para me tornar notável por algum talento. O que tenho feito, a não ser me tornar um alvo para as flechas de meus inimigos e mostrar àqueles que me odeiam onde me ferir? Você vê aqueles que elogiam sua eloquência, que cobiçam sua riqueza, que cortejam seu favor ou que se vangloriam de seu poder? Todos esses são ou, o que dá no mesmo, podem ser seus inimigos, pois o número dos que o invejam é tão grande quanto o dos que o admiram. Por que não procuro antes alguma coisa boa que eu possa usar e sentir, e não uma que eu possa mostrar? Essas coisas boas que as pessoas olham maravilhadas, que se aglomeram para ver, que uma aponta para a outra com admiração sem palavras, são brilhantes por fora, mas por dentro são misérias para aqueles que as possuem".

III. Busquemos alguma bênção que não seja apenas bonita, mas que seja sadia e boa em todos os aspectos, e mais bela nas partes que são menos vistas. Desenterremos isso. Ela não está muito distante de nós, e pode ser descoberta, porque tudo o que é necessário é saber para onde estender a mão. Mas, na verdade, nós nos comportamos como se estivéssemos no escuro e estendemos a mão para além do que está mais próximo de nós, atingindo, ao fazê-lo, as próprias coisas que queremos. No entanto, para que eu não os leve a divagações, deixarei de lado as opiniões de outros filósofos, pois levaria muito tempo para declarar e refutar todas elas. Então, fiquem com as nossas. Quando, porém, digo "nossa", não me prendo a nenhum dos expoentes da escola estoica, pois também tenho o direito de formar minha opinião. Portanto, seguirei a autoridade de alguns deles, mas pedirei a outros que discriminem seu significado. Talvez, depois de ter relatado todas as suas opiniões, ao me pedirem a minha não impugnarei nenhuma das decisões de meus predecessores e direi: "Também acrescentarei algo a elas". Enquanto isso, sigo a natureza, que é um ponto sobre o qual todos os filósofos estoicos concordam: a verdadeira sabedoria consiste em não se afastar da natureza e em moldar nossa conduta de acordo com suas leis e modelos. Uma vida feliz, portanto, é aquela que está de acordo com a própria natureza e não pode ser alcançada a menos que, em primeiro lugar, a mente seja sadia e permaneça assim ininterruptamente e, em seguida, seja ousada e vigorosa, suportando todas as coisas com a mais admirável coragem, adequada aos tempos em que vive, cuidadosa com o corpo e seus apetrechos, mas sem ser incômoda. Também deve dar o devido valor a todas as coisas que adornam nossas vidas, sem superestimar nenhuma delas, e deve ser capaz de desfrutar da generosidade da riqueza sem se tornar seu escravo. Você entende, sem que eu o mencione, que uma calma e uma liberdade ininterruptas se seguem, quando nós nos afastamos de todas as coisas que nos excitam ou nos alarmam, pois no lugar dos prazeres sensuais e daqueles pequenos assuntos perecíveis que estão conectados aos crimes mais baixos, nós ganhamos uma imensa, imutável e equânime alegria, e isso com paz, calma e grandeza de espírito, bem como com bondade, pois toda selvageria é um sinal de fraqueza.

IV. Nosso bem supremo também pode ser definido de outra forma, ou seja, a mesma ideia pode ser expressa em uma linguagem diferente. Assim como o mesmo exército pode, em um momento, ser estendido mais amplamente, em outro, ser contraído em uma equipe menor, e pode ser curvado em direção às alas por uma depressão na linha do centro, ou ser desenhado em uma linha reta, enquanto, em qualquer figura que seja, sua força e lealdade permanecem inalteradas, da mesma forma, nossa definição do bem supremo pode, em alguns casos, ser expressa de forma difusa e extensa, ao passo que em outros é colocada em uma forma curta e concisa. Assim, será a mesma coisa se eu disser: "O bem supremo é uma mente que despreza os acidentes da Providência e tem prazer na virtude", ou "é uma força mental inconquistável, que conhece bem o mundo, é gentil em seus negócios, demonstra grande cortesia e consideração por aqueles com quem entra em contato". Ou podemos optar por defini-la chamando de feliz aquela pessoa que conhece o bem e o mal apenas na forma de mentes boas ou ruins, que adora a honra e está satisfeita com a própria virtude, que não se envaidece com a boa fortuna nem se abate com a má fortuna, que não conhece outro bem além daquele que é capaz de conceder a si mesmo, cujo verdadeiro prazer está em desprezar os prazeres. Se você decidir continuar essa digressão, poderá colocar essa mesma ideia em muitas outras formas, sem prejudicar ou enfraquecer seu significado, pois o que nos impede de dizer que uma vida feliz consiste em uma mente que é livre, íntegra, destemida e firme, além da influência do medo ou do desejo, que não pensa em nada bom, exceto na honra, e nada ruim, exceto na vergonha, e considera todo o resto uma massa de detalhes insignificantes que não podem acrescentar nem tirar nada da felicidade da vida, mas que vêm e vão sem aumentar ou diminuir o bem mais elevado? Uma pessoa com esses princípios, quer queira ou não, deve ser acompanhada por uma alegria contínua, uma felicidade elevada, que vem de fato do alto, porque ela se deleita com o que tem, e não deseja prazeres maiores do que aqueles que sua casa proporciona. Ela não está certa em permitir que isso vire a balança contra os movimentos mesquinhos, ridículos e de curta duração de seu corpo miserável? No dia em que ela se tornar à prova de prazer, ela também se tornará à prova de dor. Veja, por outro lado, quão maligna e culpada é a escravidão a que é forçado a servir o homem que, por sua vez, é dominado por prazeres e dores, os mais inconfiáveis e apaixonados dos senhores. Devemos, portanto, escapar deles para a liberdade. Isso nada nos concederá, exceto o desprezo da Providência, mas se conseguirmos isso, então surgirão sobre nós aquelas bênçãos inestimáveis, o repouso de uma mente que está descansando em um porto seguro, suas imaginações elevadas, seu grande e constante prazer em eliminar erros e aprender a conhecer a verdade, sua cortesia e sua alegria, em tudo isso nos deleitaremos, não as considerando como coisas boas, mas como provenientes do próprio bem do ser humano.

V. Já que comecei a fazer minhas definições sem uma adesão muito rigorosa à letra, uma pessoa pode ser chamada de "feliz" que, graças à razão, deixou de ter esperança ou medo, mas as rochas também não sentem medo nem tristeza, tampouco o gado, mas ninguém chamaria de felizes essas coisas que não conseguem compreender o que é felicidade. Com eles você pode classificar as pessoas cuja natureza monótona e falta de autoconhecimento as reduz ao nível do gado, meros animais. Não há diferença entre um e outro, porque os últimos não têm razão, ao passo que os primeiros têm apenas uma forma corrompida dela, tortuosa e astuta para o próprio prejuízo. Pois ninguém pode ser chamado de feliz se estiver além da influência da verdade e, consequentemente, uma vida feliz é imutável e se baseia em um discernimento verdadeiro e confiável, pois a mente é incontaminada e livre de todos os males somente quando é capaz de escapar não apenas de feridas, mas também de arranhões, quando sempre será capaz de manter a posição que assumiu e defendê-la até contra os ataques furiosos da Providência. Pois, com relação aos prazeres sensuais, ainda que eles nos cercassem por todos os lados e usassem todos os meios de ataque, tentando conquistar a mente por meio de carícias e fazendo tentativas de todos os estratagemas concebíveis para atrair nosso ser inteiro ou nossas partes separadas, ainda assim, que mortal que retém qualquer traço de origem humana desejaria receber cócegas dia e noite e, negligenciando sua mente, dedicar-se aos prazeres corporais?

VI. "Mas", diz nosso adversário, "a mente também terá seus prazeres". Que ela os tenha, então, e que julgue o luxo e os prazeres, que se entregue ao máximo em todos os assuntos que proporcionam prazeres sensuais. Então, que olhe para trás, para o que desfrutou antes, e com todas aquelas sensualidades desbotadas frescas em sua memória, que se regozije e aguarde ansiosamente aqueles outros prazeres que experimentou há muito tempo e que pretende experimentar novamente, e enquanto o corpo jaz em impotente plenitude no presente, que envie seus pensamentos para o futuro e faça um balanço de suas esperanças. Tudo isso o fará parecer, em minha opinião, ainda mais miserável, porque é insanidade escolher o mal em vez do bem. Agora, nenhuma pessoa insana pode ser feliz, e ninguém pode ser são se considerar o que é prejudicial como o bem mais elevado e se esforçar para obtê-lo. Uma pessoa feliz, portanto, é aquela que pode fazer um julgamento correto em todas as coisas. Feliz é quem, em suas circunstâncias atuais, sejam elas quais forem, estiver satisfeito e em termos amigáveis com as condições de sua vida. É feliz aquele cuja razão lhe recomenda toda a postura de seus assuntos.

VII. Mesmo aquelas pessoas que declaram que o bem mais elevado está na barriga, percebem a posição desonrosa que atribuíram a ela e, portanto, dizem que o prazer não pode ser separado da virtude, e que ninguém pode viver com honra sem viver alegremente, tampouco viver alegremente sem viver com honra. Não vejo como esses assuntos tão diferentes podem ter alguma conexão entre si. Claro que a razão é que todas as coisas boas têm sua origem na virtude e, portanto, até as coisas que você preza e busca vêm originalmente de suas raízes. No entanto, se elas fossem totalmente inseparáveis, não veríamos algumas coisas como agradáveis, mas não honrosas, e outras como muito honrosas, mas difíceis e que só podem ser alcançadas por meio do sofrimento. Acrescente-se a isso que o prazer visita as vidas mais simples, mas a virtude não pode coexistir com uma vida má. Algumas pessoas infelizes não estão sem prazer, ou melhor, é em função do próprio prazer que elas são infelizes, e isso não poderia acontecer se o prazer tivesse qualquer conexão com a virtude, ao passo que a virtude muitas vezes não tem prazer e nunca precisa dele. A virtude é uma qualidade elevada, sublime, real, inconquistável, incansável. Já o prazer é baixo, servil, fraco, perecível, seus lugares e lares são o bordel e a taverna. Você encontrará a virtude no templo, no mercado, no Senado, ocupando os muros, coberta de poeira, queimada de sol, com as mãos cheias de você encontrará o prazer escondido, procurando recantos sombrios nos banhos públicos, câmaras quentes e lugares que temem as visitas do edil, macios, efeminados, cheirando a vinho e perfumes, pálidos ou talvez pintados e maquiados com cosméticos. O bem mais elevado é imortal, ele não tem fim e não admite saciedade ou arrependimento, pois uma mente bem pensante nunca se altera ou se torna odiosa para si mesma, tampouco as melhores coisas jamais passam por qualquer mudança. Mas o prazer morre no exato momento em que mais nos encanta, ele não tem grande alcance e, portanto, logo nos cansa e se desvanece assim que seu primeiro impulso termina. Consequentemente, não é sequer possível que haja qualquer substância sólida naquilo que vem e vai tão rapidamente, e que perece pelo próprio exercício de suas funções, pois chega a um ponto em que deixa de ser e, mesmo enquanto está começando, sempre mantém seu fim em vista.

VIII. Que resposta devemos dar à reflexão de que o prazer pertence tanto às pessoas boas quanto às más, e que os indivíduos maus têm tanto prazer em sua vergonha quanto os bons em coisas nobres? Foi por isso que os antigos nos aconselharam a levar a vida mais elevada, não a mais agradável, a fim de que o prazer não fosse o guia, mas o companheiro de uma mente honrada e de pensamento correto, pois é a natureza que devemos tornar nosso guia, deixarmos nossa razão observá-la e sermos aconselhados por ela. Viver feliz, então, é a mesma coisa que viver de acordo com a natureza. Explicarei o que é isso. Se guardarmos os dons do corpo e as vantagens da natureza com cuidado e destemor, como coisas que logo partirão e que nos foram dadas apenas por um dia, se não cairmos sob seu domínio nem nos permitirmos tornar escravos do que não faz parte de nosso próprio ser, se atribuirmos a todos os prazeres corporais e delícias externas a mesma posição ocupada por auxiliares e tropas pequenas em um acampamento, se fizermos deles nossos servos, não nossos senhores, então, e somente então, eles terão valor para nossas mentes. Uma pessoa deve ser imparcial e não deve ser conquistada por coisas externas, deve admirar a si mesma, sentir confiança em seu espírito e ordenar sua vida de modo a estar pronta tanto para a boa quanto para a má sorte. Que sua confiança não seja sem conhecimento, tampouco seu conhecimento sem firmeza. Que sempre permaneça com o que determinou uma vez, e que não haja apagamento em suas doutrinas. Será entendido, mesmo que eu não o anexe, que tal pessoa será tranquila e comedida em seu comportamento, e cortês em suas ações. Que a razão seja encorajada pelos sentidos a buscar a verdade e a extrair seus primeiros princípios de lá, pois, de fato, ela não tem outra base de operações ou lugar de onde partir em busca da verdade. Ela deve recair sobre si mesma. Até o Universo todo-abrangente, e Deus, que é seu guia, estendem-se para as coisas externas e, ainda assim, retornam de todos os lados para si mesmos. Que nossa mente faça a mesma coisa. Quando, seguindo seus sentidos corporais, ela tiver, por meio deles, se enviado para as coisas do mundo exterior, que ela permaneça como mestre delas e de si mesma. Por esse meio obteremos uma força e uma habilidade que são unidas e aliadas, e derivaremos dela aquela razão que nunca se detém entre duas opiniões, muito menos é entorpecida ao formar suas percepções, crenças ou convicções. Tal mente, quando tiver se colocado em ordem, feito suas várias partes concordarem entre si e, se assim posso me expressar, harmonizá-las, terá alcançado o bem mais elevado, pois não lhe resta nada de mal ou perigoso, nada que a abale ou a faça tropeçar. Ela fará tudo sob a orientação da própria vontade, e nada inesperado lhe acontecerá, mas o que quer que seja feito por ela acabará bem, e isso, também, pronta e facilmente, sem que o executor recorra a quaisquer artifícios, pois ações lentas e hesitantes são sinais de discórdia e falta de propósito estabelecido. Você pode, então, declarar corajosamente que o bem mais elevado é a singeleza de espírito, pois onde há concordância e unidade, ali devem estar as virtudes. São os vícios que estão em guerra uns com os outros.

IX. "Mas", diz nosso adversário, "você mesmo só pratica a virtude porque espera obter algum prazer com ela". Em primeiro lugar, embora a virtude possa nos proporcionar prazer, ainda assim não a buscamos por causa disso, pois ela não dá isso, mas dá isso para começar, tampouco esse é o fim pelo qual ela trabalha, mas seu trabalho também ganha isso, embora seja direcionado para outro fim. Assim como em um campo cultivado, quando arado para o plantio de milho, algumas flores são encontradas no meio dele e, no entanto, embora essas flores possam encantar os olhos, todo esse trabalho não foi despendido para produzi-las – a pessoa que semeou o campo tinha outro objetivo em vista, ela ganhou isso além disso –, assim também o prazer não é a recompensa ou a causa da virtude, mas vem em acréscimo a ela. Também não escolhemos a virtude porque ela nos dá prazer, mas ela nos dá prazer se a escolhermos. O bem mais elevado está no ato de escolhê-la e na atitude das mentes mais nobres, que, uma vez cumprida sua função e estabelecida dentro de seus limites, alcançou o bem mais elevado e não precisa de mais nada, pois não há nada fora do todo, assim como não há nada além do fim. Portanto, você está enganado quando me pergunta o que me leva a buscar a virtude, pois está buscando algo acima do mais elevado. Você pergunta o que eu busco na virtude? Eu respondo. A si mesma, pois ela não tem nada melhor, ela é sua recompensa.

X. "Você propositalmente entendeu mal o que eu disse", diz ele, "pois eu também digo que ninguém pode viver agradavelmente a menos que viva honradamente, e esse não pode ser o caso dos animais burros que medem a extensão de sua felicidade pela extensão de sua comida. Proclamo em alto e bom som que o que chamo de vida agradável não pode existir sem o acréscimo da virtude". No entanto, quem não sabe que os maiores tolos bebem o melhor desses seus prazeres? Ou que o vício está repleto de prazeres e que a própria mente sugere a si mesma muitas formas pervertidas e viciosas de prazer? Em primeiro lugar, a arrogância, a autoestima excessiva, a precedência arrogante sobre as outras pessoas, a miopia, ou melhor, a devoção cega aos próprios interesses, o luxo dissoluto, o prazer excessivo que surge das causas mais triviais e infantis, e também a tagarelice, o orgulho que tem prazer em insultar os outros, a preguiça e a decadência de uma mente entorpecida que dorme sobre si mesma. Todas essas coisas são dissipadas pela virtude, que pega o ser humano pela orelha e mede o valor dos prazeres antes de permitir que eles sejam usados, ela também não dá muita importância àqueles que permite que passem, pois apenas permite seu uso, e sua alegria não ocorre em função do uso que faz deles, mas à moderação em usá-los. "No entanto, quando a moderação diminui o prazer, ela prejudica o bem maior." Você se dedica aos prazeres, eu os evito; você se entrega ao prazer, eu o uso; você pensa que é o bem mais elevado, eu sequer penso que seja bom. Por causa do prazer eu não faço nada, você faz tudo.

XI. Quando digo que não faço nada por causa do prazer, faço alusão àquele homem sábio, que só o senhor admite ser capaz de sentir prazer. Ora, não chamo de sábio um homem que é dominado por qualquer coisa, muito menos pelo prazer. No entanto, se for dominado pelo prazer, como ele resistirá ao trabalho, ao perigo, à carência e a todos os males que cercam e ameaçam a vida do ser humano? Como ele suportará a visão da morte ou da dor? Como suportará o tumulto do mundo e enfrentará tantos inimigos ativos, se for vencido por um antagonista? Ele fará tudo o que o prazer o aconselhar, e você não vê quantas coisas ele o aconselhará a fazer? "Ele não será", diz nosso adversário, "capaz de lhe dar nenhum conselho ruim, porque está combinado com a virtude?". E como a virtude governará o prazer se ela o segue, visto que seguir é o dever de um subordinado, governar o de um comandante? De acordo com sua escola, a virtude tem o digno cargo de provadora preliminar dos prazeres. No entanto, veremos se a virtude ainda permanece virtude entre aqueles que a tratam com tanto desprezo, pois se ela deixar sua posição apropriada, não poderá mais manter seu nome apropriado. Enquanto isso, para ir direto ao ponto, mostrarei a você muitos homens cercados por prazeres, homens sobre os quais a Providência derramou todos os seus dons, os quais você deve admitir que são homens maus. Olhe para Nomentanus e Apicius, que digerem todas as coisas boas, como eles as chamam, do mar e da terra, e examinam em suas mesas todo o reino animal. Olhe para eles enquanto estão deitados em camas de rosas, regozijando-se com seu banquete, deliciando seus ouvidos com música, seus olhos com exibições, seus paladares com sabores, seus corpos inteiros são estimulados com aplicações suaves e calmantes, e para que sequer suas narinas fiquem ociosas, o próprio lugar em que eles celebram os ritos de luxo é perfumado com vários perfumes. Você dirá que esses homens vivem em meio aos prazeres. No entanto, eles não se sentem à vontade, porque sentem prazer no que não é bom.

XII. "Eles estão pouco à vontade", responde ele, "porque surgem muitas coisas que distraem seus pensamentos, e suas mentes são perturbadas por opiniões conflitantes". Admito que isso seja verdade, mas ainda assim esses mesmos homens, tolos, inconsistentes e certos de sentirem remorso como são, recebem, no entanto, grande prazer, e devemos admitir que, ao fazê-lo, eles estão tão longe de sentir qualquer problema quanto de formar um julgamento correto, e que, como é o caso de muitas pessoas, eles são possuídos por uma loucura alegre e riem enquanto deliram. Os prazeres dos homens sábios, por outro lado, são suaves, decorosos, beirando a monotonia, mantidos sob controle e quase imperceptíveis, e não são convidados nem recebidos com honra quando chegam por vontade própria, tampouco são recebidos com prazer por aqueles a quem visitam, que os misturam com suas vidas e preenchem espaços vazios com eles, como uma farsa divertida nos intervalos de negócios sérios.

Que eles não mais juntem assuntos incongruentes, ou conectem prazer com virtude, um erro pelo qual eles cortejam o pior dos homens. O libertino imprudente, sempre bêbado e arrotando os vapores do vinho, acredita que vive com a virtude, porque sabe que vive com o prazer, pois ouve dizer que o prazer não pode existir separado da virtude. Consequentemente, ele apelida seus vícios com o título de sabedoria e exibe tudo o que deveria esconder. Assim, os homens não são encorajados por Epicuro a se tornarem desordeiros, mas os perversos escondem seus excessos no colo da filosofia e se aglomeram nas escolas em que ouvem os louvores ao prazer. Eles não consideram o quão sóbrio e temperado – pois assim, por Hércules, eu acredito que seja – é o "prazer" de Epicuro, mas correm para o seu mero nome, buscando obter alguma proteção para seus vícios. Eles perdem, portanto, a única virtude que sua vida má possuía, a de se envergonhar de fazer o mal, pois elogiam o que costumavam envergonhar e se vangloriam de seus vícios. Assim, a modéstia nunca pode se reafirmar, quando a ociosidade vergonhosa é dignificada com um nome honroso. A razão de os elogios que sua escola faz ao prazer serem tão prejudiciais é porque a parte honrosa de seu ensino passa despercebida, mas a parte degradante é vista por todos.

XIII. Eu mesmo acredito, embora meus camaradas estoicos não estejam dispostos a me ouvir dizer isso, que o ensinamento de Epicuro era reto e santo, e até se você o examinar de perto, severo, pois esse tão falado prazer é reduzido a um caminho muito estreito, e ele pede que o prazer se submeta à mesma lei que pedimos que a virtude faça – isto é, que obedeça à natureza. O luxo, entretanto, não se satisfaz com o que é suficiente para a natureza. Qual é a consequência? Quem pensa que a felicidade consiste em preguiça e em alternâncias de gula e libertinagem requer um bom patrono para uma ação ruim e, quando se torna um epicurista, tendo sido levado a isso pelo nome atraente dessa escola, ele segue não o prazer de que ouve falar, mas aquele que trouxe consigo e, tendo aprendido a pensar que seus vícios coincidem com as máximas dessa filosofia, ele se entrega a eles não mais timidamente e em cantos escuros, mas corajosamente diante do dia. Não vou, portanto, como a maioria de nossa escola, dizer que a seita de Epicuro é equivocada, mas o que digo é: ela é mal falada, tem uma má reputação, apesar de não merecer assim ser tratada. "Quem pode saber disso sem ter sido admitido em seus mistérios internos?". Seu exterior dá oportunidade para escândalos e encoraja os desejos mais baixos dos seres humanos. É como um indivíduo corajoso vestido com um vestido de mulher, sua castidade está assegurada, sua masculinidade está segura, seu corpo não é submetido a nada vergonhoso, mas sua mão segura um tambor (como um sacerdote de Cibele). Escolha, então, alguma inscrição honrosa para sua escola, alguma escrita que, por si só, desperte a mente, porque a que atualmente está sobre sua porta foi inventada pelos vícios. Aquele que se posiciona do lado da virtude dá, com isso, uma prova de uma disposição nobre, mas aquele que segue o prazer parece ser fraco, desgastado, degradando sua masculinidade, propenso a cair em vícios infames, a menos que alguém discrimine seus prazeres para ele, para que ele possa saber quais permanecem dentro dos limites do desejo natural, quais são frenéticos e sem limites, e se tornam tanto mais insaciáveis quanto mais são satisfeitos. Mas vamos! Deixe a virtude guiar o caminho, e então cada passo será seguro. O prazer em excesso é prejudicial, mas com a virtude não precisamos temer nenhum tipo de excesso, porque a moderação está contida na própria virtude. O que é prejudicado por sua extensão não pode ser uma coisa boa. Além disso, que melhor guia pode haver do que a razão para os seres dotados de uma natureza racional? Portanto, se essa combinação lhe agradar, se você estiver disposto a prosseguir para uma vida feliz assim acompanhado, deixe a virtude liderar o caminho, deixe o prazer seguir e pairar sobre o corpo como uma sombra. É a parte de uma mente incapaz de grandes coisas entregar a virtude, a mais alta de todas as qualidades, como serva do prazer.

XIV. Deixemos que a virtude conduza o caminho e carregue o estandarte, e teremos prazer por tudo isso, mas seremos seus mestres e controladores. Ela pode obter algumas concessões de nós, mas não nos forçará a fazer nada. Ao contrário, aqueles que permitiram que o prazer conduzisse o caminho não têm nem uma coisa nem outra, pois perdem completamente a virtude e, no entanto, não possuem o prazer, mas são possuídos por ele, e são torturados por sua ausência ou sufocados por seu excesso, sendo miseráveis se abandonados por ele, e ainda mais miseráveis se submergidos por ele, como aqueles que são apanhados nos cardumes e em um momento são deixados em terra firme e em outro são jogados nas ondas.

Isso decorre de uma exagerada falta de autocontrole e de um amor oculto pelo mal, pois é perigoso para aquele que busca o mal em vez do bem alcançar seu objetivo. Assim como caçamos animais selvagens com labuta e perigo, e mesmo quando eles são capturados achamos que são uma posse ansiosa, pois muitas vezes despedaçam seus guardiões, o mesmo acontece com os grandes prazeres, pois eles se tornam grandes males e fazem seus donos prisioneiros. Quanto mais numerosos e maiores eles forem, mais inferior e escravo de mais senhores se torna aquela pessoa que os vulgares chamam de homem feliz. Posso até levar essa analogia mais longe: como o homem que rastreia animais selvagens até suas tocas e que dá grande importância a "buscar capturar com armadilhas os brutos errantes" e "fazendo que seus cães cerquem a espaçosa clareira" para que possa seguir seus rastros, negligencia coisas muito mais desejáveis e deixa muitos deveres por cumprir, assim também aquele que busca o prazer adia tudo para ele, desconsidera o primeiro essencial, a liberdade, e a sacrifica por causa de sua barriga, bem como não compra o prazer para si mesmo, mas se vende ao prazer.

XV. "Mas o que", pergunta nosso adversário, "há para impedir que a virtude e o prazer sejam combinados, e que um bem supremo seja assim formado, de modo que a honra e o prazer possam ser a mesma coisa?". Porque nada, exceto o que é honroso, pode fazer parte da honra, e o bem supremo perderia sua pureza se visse em si algo diferente de sua parte melhor. Mesmo a alegria que surge da virtude, embora seja uma coisa boa, ainda assim não é uma parte do bem absoluto, assim como a alegria ou a paz de espírito, que são de fato coisas boas, mas que meramente seguem o bem mais elevado e não contribuem para sua perfeição, embora sejam geradas pelas causas mais nobres. Quem, por outro lado, forma uma aliança, e também uma aliança entre a virtude e o prazer, obstrui qualquer força que um possa possuir pela fraqueza do outro, e envia a liberdade sob o jugo, pois a liberdade só pode permanecer inconquistada enquanto ela não conhecer nada mais valioso do que ela mesma, pois ele começa a precisar da ajuda da Providência, que é a mais completa escravidão. Sua vida se torna ansiosa, cheia de suspeitas, temerosa de acidentes, esperando em agonia por momentos críticos do tempo. Você não dá à virtude uma base sólida e imóvel se a colocar sobre o que é instável, e o que pode ser tão instável quanto a dependência do mero acaso e das vicissitudes do corpo e das coisas que agem sobre o corpo? Como essa pessoa pode obedecer a Deus e receber tudo o que acontece com um espírito alegre, nunca se queixando do destino e dando uma boa interpretação a tudo o que lhe acontecer se ela for agitada pelas pequenas alfinetadas de prazeres e dores? Uma pessoa não pode ser uma boa protetora de seu país, uma boa vingadora de seus erros, ou uma boa defensora de seus amigos se estiver inclinada aos prazeres. Que o bem supremo, então, se eleve àquela altura de onde nenhuma força pode desalojá-lo, para onde nem a dor pode ascender, nem a esperança, nem o medo, nem qualquer outra coisa que possa prejudicar a autoridade do "bem supremo". Somente a virtude pode abrir caminho até lá, e com a ajuda dela a colina deve ser escalada, porque ela se manterá corajosamente firme e suportará o que quer que lhe aconteça, não apenas com resignação, mas até de bom grado. Ela saberá que todos os momentos difíceis vêm em obediência às leis naturais e, como um bom soldado, ela suportará ferimentos, contará cicatrizes e, quando estiver paralisada e morrendo, ainda assim adorará o general por quem se apaixonou, e ela terá em mente a velha máxima "Siga Deus". Por outro lado, aquele que resmunga, reclama e se lamenta é, no entanto, forçosamente obrigado a obedecer às ordens e é arrastado, mesmo que contra sua vontade, para cumpri-las. Mas, que loucura é ser arrastado em vez de seguir? Tão grande, por Hércules, quanto é a loucura e a ignorância da verdadeira posição de alguém, é se entristecer por não ter conseguido algo ou por algo ter nos causado um tratamento rude, ou se surpreender ou se indignar com os males que atingem tanto as pessoas boas quanto as más, ou seja, doenças, mortes, enfermidades e outros acidentes da vida humana. Suportemos com magnanimidade tudo o que o sistema do Universo nos obriga a suportar, uma vez que estamos todos obrigados por este juramento: "Suportar os males da vida mortal e submeter-nos com boa vontade àquilo que não podemos evitar". Nascemos em uma monarquia, por isso nossa liberdade é obedecer a Deus.

XVI. A verdadeira felicidade, portanto, consiste na virtude. E o que essa virtude lhe pedirá para fazer? Não pensar em nada ruim ou bom que não esteja relacionado nem com a virtude nem com a iniquidade; e, em segundo lugar, suportar impassível os ataques do mal e, na medida do possível, formar um deus originado do que é bom. Que recompensa ela lhe promete por essa campanha? Uma enorme recompensa, que o eleva ao nível dos deuses, e você não estará sujeito a nenhuma restrição e a nenhuma necessidade; estará livre, seguro, ileso; não falhará em nada do que tentar; não será impedido de nada; tudo sairá de acordo com o seu desejo; nenhum infortúnio o atingirá; nada lhe acontecerá, exceto o que você espera e deseja. "A virtude por si só é suficiente para torná-lo feliz?". É claro que a virtude consumada e divina como essa não apenas é suficiente, mas mais do que suficiente, pois quando uma pessoa é colocada fora do alcance de qualquer desejo, o que pode lhe faltar? Aquele, entretanto, que está apenas no caminho da virtude, embora possa ter feito um grande progresso ao longo dele, ainda assim precisa de algum favor da fortuna enquanto ainda está lutando entre meros interesses humanos, enquanto está desatando aquele nó e todos os laços que o prendem à mortalidade. Qual é, então, a diferença entre eles? É que alguns estão amarrados mais ou menos firmemente por esses laços, e alguns até se amarraram a eles também, ao passo que aquele que fez progresso em direção às regiões superiores e se elevou para cima arrasta uma corrente mais frouxa e, embora ainda não esteja livre, é tão bom quanto livre.

XVII. Se, portanto, qualquer um desses que gritam contra a filosofia dissesse, como costumam fazer: "Por que, então, você fala com muito mais coragem do que vive? Por que fica perturbado quando sofre perdas e chora ao saber da morte de sua esposa ou de seu amigo? Por que dá atenção a boatos comuns e se sente incomodado com fofocas caluniosas? Por que sua propriedade é mantida de forma mais bem elaborada do que seu uso natural exige? Por que seus móveis são mais elegantes do que o necessário? Por que você bebe vinho mais velho do que você? Por que seus jardins são bem planejados? Por que você planta árvores que não lhe dão nada além de sombra? Por que sua esposa usa nas orelhas o preço da casa de um homem rico? Por que seus filhos na escola estão vestidos com roupas caras? Por que é uma ciência servi-lo à mesa? Por que seus pratos de prata não são colocados de qualquer maneira ou ao acaso, mas habilmente dispostos em ordem regular, com um superintendente para presidir a escultura dos pratos". Acrescente a isso, se quiser, as perguntas:

"Por que você possui propriedades além dos mares? Por que você possui mais do que sabe? É uma vergonha para você não conhecer seus escravos de vista, pois você deve ser muito negligente com eles se tiver apenas alguns, ou muito extravagante se tiver muitos para sua memória reter". Acrescentarei algumas repreensões mais tarde, e trarei mais acusações contra mim mesmo do que você imagina, mas por enquanto vou lhe dar a seguinte resposta: "Não sou um homem sábio, e não serei um para alimentar seu rancor. Portanto, não exija que eu esteja no mesmo nível das melhores pessoas, mas apenas que seja melhor do que as piores. Estou satisfeito se todos os dias eu tirar algo de meus vícios e corrigir minhas falhas. Não cheguei à perfeita sanidade mental; na verdade, nunca chegarei a ela. Componho paliativos em vez de remédios para minha gota e fico satisfeito se ela aparecer em intervalos mais raros e não for tão dolorosa. Comparado aos seus pés, que são coxos, sou um corredor". Faço esse discurso, não em meu nome, pois estou mergulhado em vícios de todo tipo, mas em nome de alguém que fez algum progresso na virtude.

XVIII. "Você fala de um jeito", objeta nosso adversário, "e vive de outro". Você, a mais rancorosa das criaturas, você que sempre mostra o mais amargo ódio ao melhor dos homens, essa reprovação foi lançada contra Platão, Epicuro e Zenão, pois todos eles declararam como deveriam viver, não como viveram. Falo da virtude, não de mim mesmo, e quando culpo os vícios, culpo primeiramente os meus vícios, e quando eu tiver o poder, viverei como devo viver. O rancor, por mais profundamente impregnado de veneno, não me afastará do que é melhor. O próprio veneno com o qual vocês envenenam os outros, com o qual vocês se sufocam, não me impedirá de continuar a louvar a vida que eu, de fato, não levo, mas que sei que devo levar, de amar a virtude e de segui-la, embora muito atrás dela e com passos hesitantes. Devo esperar que o falar mal respeite alguma coisa, visto que não respeitou nem Rutílio nem Catão? Alguém se importará em ser considerado rico demais por homens para os quais Diógenes, o cínico, não era pobre o suficiente? Esse filósofo muito enérgico lutou contra todos os desejos do corpo, e era ainda mais pobre do que os outros cínicos, pois além de ter desistido de possuir qualquer coisa, ele também tinha desistido de pedir qualquer coisa, mas ainda assim eles o censuravam por não ser suficientemente pobre, como se fosse a pobreza, e não a virtude, que ele professava conhecer.

XIX. Dizem que Diodoro, o filósofo epicurista, que nos últimos dias pôs fim à sua vida com as próprias mãos, não agiu de acordo com os preceitos de Epicuro ao cortar sua garganta. Alguns optam por considerar esse ato como resultado de loucura, outros de imprudência; ele, entretanto, feliz e cheio da consciência da própria bondade, deu testemunho de si mesmo por sua maneira de partir da vida, elogiou o repouso de uma vida passada ancorada em um porto seguro e disse o que você não gosta de ouvir, porque você também deveria fazê-lo: "Eu vivi, corri a corrida que a sorte me reservou".

Você discute sobre a vida e a morte de outra pessoa e grita ao ouvir o nome de homens que alguma qualidade peculiarmente nobre tornou grandes, da mesma forma que os pequenos malditos fazem ao se aproximarem de estranhos, pois é de seu interesse que ninguém pareça ser bom, como se a virtude de outra pessoa fosse uma censura a todos os seus defeitos. Você compara invejosamente as glórias dos outros às suas ações sujas, e não entende o quanto é desvantajoso para você se aventurar a fazer isso, pois se aqueles que seguem a virtude são gananciosos, luxuriosos e amantes do poder, o que deve ser você, que odeia o próprio nome da virtude? Dizem que ninguém age de acordo com suas profissões, ou vive de acordo com o padrão que ele estabelece em seus discursos, e não é de se admirar, visto que as palavras que eles falam são corajosas, gigantescas e capazes de resistir a todas as tempestades que destroem a humanidade, enquanto eles mesmos estão lutando para se afastar das cruzes nas quais cada um de vocês está cravando o próprio prego. No entanto, as pessoas que são crucificadas estão penduradas em um único poste, mas os que se castigam estão divididos entre tantas cruzes quantas são suas cobiças, mas ainda assim são dados a falar mal e são tão magníficos em seu desprezo pelos vícios dos outros que eu deveria supor que eles não tinham nenhum próprio, se não fosse o fato de que alguns criminosos, quando estão na forca, cospem nos espectadores.

XX. "Os filósofos não põem em prática tudo o que ensinam", mas eles realizam muito bem por meio de seus ensinamentos, pelos pensamentos nobres que concebem em suas mentes. Gostaria, de fato, que eles pudessem agir de acordo com o que falam, pois o que poderia ser mais feliz do que eles seriam? As pessoas merecem elogios por se dedicarem a estudos proveitosos, mesmo que não cheguem a produzir nenhum resultado. Por que devemos nos admirar se aqueles que começam a escalar um caminho íngreme não consigam atingir um local muito alto? É um ato de um espírito generoso proporcional a seus esforços, e não à própria força, mas sim à força da natureza humana, porque ter objetivos elevados e conceber planos que são vastos demais para serem executados até por aqueles que são dotados de intelectos gigantescos, que estabelecem para si mesmos as seguintes regras: "Olharei para a morte ou para uma comédia com a mesma expressão no rosto. Submeter-me-ei a trabalhos, por maiores que sejam, apoiando a força de meu corpo na força de minha mente. Desprezarei as riquezas quando as tiver tanto quanto quando não as tiver; se elas estiverem em outro lugar, não ficarei mais sombrio; se elas brilharem ao meu redor, não ficarei mais animado do que deveria ser; se a sorte vier ou se for, não farei pouco caso dela. Verei todas as terras como se me pertencessem, e as minhas terras como se pertencessem a toda a humanidade. Viverei de modo a lembrar que nasci para os outros e agradecerei à natureza por isso, pois de que maneira ela poderia ter feito melhor por mim? Seja o que for que eu possua, não o acumularei com avidez nem o desperdiçarei de forma imprudente. Pensarei que não tenho posses tão reais quanto aquelas que doei a pessoas merecedoras. Não considerarei os benefícios por sua magnitude ou número, ou por qualquer coisa que não seja o valor que o receptor lhes atribui. Nunca considerarei que um presente seja grande se for concedido por um objetivo digno. Não farei nada por causa da opinião pública, mas tudo por causa da consciência, e sempre que fizer algo sozinho acreditarei que os olhos do povo romano estão sobre mim enquanto o faço. Ao comer e beber, meu objetivo será saciar os desejos da natureza, não encher e esvaziar minha barriga. Serei agradável com meus amigos, gentil e ameno com meus inimigos, concederei perdão antes que me peçam e atenderei aos desejos de pessoas honradas na metade do caminho. Terei em mente que o mundo é minha cidade natal, que seus governantes são os deuses e que eles estão acima e ao meu redor, criticando tudo o que faço ou digo.

Sempre que a natureza exigir meu fôlego novamente, ou a razão me pedir para dispensá-lo, deixarei esta vida, chamando todos para testemunhar que amei uma boa consciência e boas atividades; que a liberdade de ninguém, muito menos a minha, foi prejudicada por mim".

Aquele que estabelecer essas regras em sua vida se elevará e se esforçará para chegar aos deuses; na verdade, mesmo que fracasse, ele "falha em um grande empreendimento".

Mas você, que odeia tanto a virtude quanto aqueles que a praticam, não faz nada que deva nos surpreender, pois as luzes doentias não suportam o Sol, as criaturas noturnas evitam o brilho do dia e, em seu primeiro amanhecer, ficam desnorteadas e se recolhem todas juntas às suas tocas, isto é, as criaturas que temem a luz se escondem em fendas. Portanto, coaxem e exercitem suas línguas miseráveis para censurar pessoas de bem, abram bem as mandíbulas, mordam com força, e vocês quebrarão muitos dentes antes de causar qualquer impressão.

XXI. "Mas como é possível que esse homem estude filosofia e, mesmo assim, viva a vida de um homem rico? Por que ele diz que a riqueza deve ser desprezada e, no entanto, a possui? Que a vida deve ser desprezada e, no entanto, vive? Que a saúde deve ser desprezada e, no entanto, a guarda com o máximo cuidado e deseja que seja a melhor possível? Será que ele considera o banimento um nome vazio e diz: "Que mal há em trocar um país por outro?" No entanto, se lhe for permitido, ele não envelhece em sua terra natal? Será que ele declara que não há diferença entre um tempo mais longo e um mais curto e, no entanto, se não for impedido, prolonga sua vida e floresce em uma velhice verdejante?". Sua resposta é que essas coisas devem ser desprezadas, não que ele não as possua, mas que não as possua com medo e tremor, porque ele não as afasta de si, mas quando elas o deixam, ele as segue despreocupadamente.

Onde, de fato, a fortuna pode investir riquezas com mais segurança do que em um lugar de onde elas sempre podem ser recuperadas sem qualquer disputa com seu administrador? Marcus Cato, quando estava elogiando Curius e Coruncanius e aquele século em que a posse de algumas pequenas moedas de prata era uma ofensa punida pelo Censor, possuía ele próprio quatro milhões de sestércios; uma fortuna menor, sem dúvida, do que a de Crassus, mas maior do que a de Cato, o Censor. Se as quantias forem comparadas, ele superou seu bisavô mais do que ele próprio foi superado por Crasso, e se riquezas ainda maiores tivessem caído em seu destino, ele não as teria rejeitado, pois o homem sábio não se considera indigno de qualquer presente casual. Ele não ama as riquezas, mas prefere tê-las; não as recebe em seu espírito, mas apenas em sua casa; tampouco joga fora o que já possui, mas as mantém, e está disposto a que sua virtude receba um objeto maior para seu exercício.

XXII. Quem pode duvidar, entretanto, de que uma pessoa sábia, se for rica, tem um campo mais amplo para o desenvolvimento de seus poderes do que se for pobre, visto que, nesse último caso, a única virtude que ela pode exibir é a de não ser pervertida nem esmagada por sua pobreza, ao passo que, se tiver riquezas, terá um amplo campo para a exibição de temperança, generosidade, laboriosidade, organização metódica e grandeza. O sábio não desprezará a si mesmo, por mais baixo que seja em estatura, mas ainda assim desejará ser alto, pois, mesmo que seja fraco e caolho, ele pode ter boa saúde, mas ainda assim preferiria ter força corporal, e isso enquanto sabe que tem algo ainda mais poderoso. Ele suportará a doença e terá esperança de ter boa saúde, pois algumas coisas, embora possam ser insignificantes em comparação à soma total, e embora possam ser retiradas sem destruir o bem principal, ainda assim acrescentam algo à alegria constante que surge da virtude. As riquezas encorajam e alegram essa pessoa, assim como um marinheiro se alegra com um vento favorável que o leva em seu caminho, ou como as pessoas sentem prazer em um belo dia ou em um local ensolarado em um clima frio. Que sábio, quero dizer, de nossa escola, cujo único bem é a virtude, pode negar que mesmo esses assuntos que não chamamos de bons nem ruins têm em si um certo valor, e que alguns deles são preferíveis a outros? Portanto, não se engane: as riquezas pertencem à classe das coisas desejáveis. "Por que então", diz você, "você ri de mim, já que os coloca na mesma posição que eu?". Você gostaria de saber quão diferente é a posição em que as colocamos? Se minhas riquezas me deixarem, elas não levarão consigo nada além delas mesmas, e você ficará desnorteado e parecerá que ficou sem si mesmo se elas se afastarem de você. Comigo as riquezas ocupam um certo lugar, mas com você elas ocupam o lugar mais alto de todos. Em suma, minhas riquezas pertencem a mim, você pertence às suas riquezas.

XXIII. Cessai, pois, de proibir os filósofos de possuir dinheiro, porque ninguém condenou a sabedoria à pobreza. O filósofo pode possuir uma ampla riqueza, mas não possuirá riqueza que tenha sido arrancada de outro, ou que esteja manchada com o sangue de outro. A sua deve ser obtida sem prejudicar nenhuma pessoas, e sem que seja conquistada por meios vulgares; deve ser obtida e gasta de forma honrosa, e deve ser tal que somente o rancor poderia sacudir a cabeça. Eleve-a a qualquer valor que desejar, ela ainda será uma posse honrosa, se, embora inclua muito do que todo ser humano gostaria de chamar de seu, não houver nada que alguém possa dizer que é seu. Tal indivíduo não perderá seu direito ao favor da Providência e não se vangloriará de sua herança nem se envergonhará dela se tiver sido honrosamente adquirida. Ainda assim, ele terá algo de que se vangloriar se abrir sua casa, permitir que todos os seus compatriotas entrem em sua propriedade e dizer a eles: "Se alguém reconhecer aqui algo que lhe pertença, que o tome". Que grande homem, que excelente rico ele será se, depois desse discurso, possuir tanto quanto possuía antes! Digo, então, que se ele puder submeter suas contas ao escrutínio do povo com segurança e confiança, e ninguém puder encontrar nelas qualquer item sobre o qual ele possa colocar as mãos, esse homem poderá desfrutar de suas riquezas com ousadia e sem disfarces. O sábio não permitirá que um único centavo mal ganho cruze sua soleira; no entanto, ele não recusará ou fechará sua porta contra grandes riquezas, se elas forem o dom da fortuna e o produto da virtude, pois que razão ele tem para lhes negar bons aposentos? Deixe-os vir e ser seus convidados. Ele não se gabará deles nem os esconderá, porque uma coisa é coisa de tolo, a outra de um espírito covarde e mesquinho, que, por assim dizer, abafa uma coisa boa em seu colo. Como eu disse antes, ele também não os expulsará de sua casa, pois o que dirá: "Você é inútil" ou "Eu não sei como usar as riquezas?". Assim como ele é capaz de fazer uma viagem com os próprios pés, mas prefere andar de carruagem, da mesma forma ele será capaz de ser pobre, mas desejará ser rico; ele possuirá riquezas, mas as verá como uma posse incerta que um dia voará para longe dele.

Ele não permitirá que ela seja um fardo para si mesmo ou para qualquer outra pessoa. Ele a dará – por que você coça as orelhas? por que você abre os bolsos? – a pessoas boas ou àquelas a quem ela pode transformar em pessoas boas. Ele o dará depois de ter se esforçado ao máximo para escolher aqueles que são mais aptos a recebê-lo, como acontece com alguém que tem em mente que deve prestar contas do que gasta, bem como do que recebe. Ele dará por razões boas e louváveis, pois um presente mal dado é considerado uma perda vergonhosa. Ele terá um bolso fácil de abrir, mas não um bolso furado, de modo que muito possa ser retirado, mas nada possa cair dele.

XXIV. Aquele que acredita que dar é uma questão fácil está enganado. Ela oferece grandes dificuldades, se dermos nossa generosidade de forma racional e não a espalharmos impulsivamente e ao acaso. Eu presto um serviço a determinada pessoa, retribuo uma boa ação feita por outra. A esse outro, ajudo porque tenho pena dele. A essa pessoa, novamente, ensino que não é um objeto adequado para que a pobreza a detenha ou degrade. Não darei nada a alguns homens, embora eles estejam passando necessidade, porque, mesmo que eu lhes dê, eles continuarão passando necessidade. Oferecerei minha generosidade a alguns e a imporei à força a outros. Não posso estar negligenciando meus interesses enquanto faço isso, porque em nenhum momento eu faço que mais pessoas fiquem em dívida comigo do que quando estou dando coisas. "O quê?", você diz, "você dá para receber de novo?". De qualquer forma, não dou para que possa jogar fora minha generosidade, pois o que dou deve ser colocado de tal forma que, embora eu não possa pedir seu retorno, ainda assim possa ser devolvido a mim. Um benefício deve ser investido da mesma forma que um tesouro enterrado no fundo da terra, que você não desenterraria a menos que fosse realmente obrigado. Ora, que oportunidades de conferir benefícios a simples casa de um homem rico oferece? Quem considera o comportamento generoso devido apenas àqueles que usam a toga? A natureza me pede para fazer o bem à humanidade – que diferença faz se são escravos ou livres, nascidos livres ou emancipados, se sua liberdade foi legalmente adquirida ou concedida por acordo entre amigos? Onde quer que haja um ser humano, há uma oportunidade para um benefício; consequentemente, o dinheiro pode ser distribuído até dentro do próprio limiar, e um campo pode ser encontrado ali para a prática da gratuidade, que não é assim chamada porque é nosso dever para com as pessoas livres, mas porque surge em uma mente nascida livre. No caso do sábio, ela nunca recai sobre receptores vulgares e indignos, e nunca se esgota a ponto de, sempre que encontrar um objeto digno, não fluir como se seu estoque não tivesse diminuído. Portanto, você não tem motivos para interpretar mal a linguagem honrada, corajosa e espirituosa que ouve daqueles que estão estudando a sabedoria. Antes de tudo, observe que um estudante de sabedoria não é a mesma coisa que uma pessoa que se tornou perfeita em sabedoria. O primeiro lhe dirá: "Em minha conversa, expresso os sentimentos mais admiráveis, mas ainda estou em meio a inúmeros males. Você não deve me forçar a agir de acordo com minhas regras, porque no momento estou me formando, moldando meu caráter e me esforçando para me elevar à altura de um grande exemplo. Se algum dia eu conseguir realizar tudo o que me propus a fazer, você poderá exigir que minhas palavras e ações correspondam". Mas aquele que alcançou o ápice da perfeição humana agirá de outra forma com você e dirá: "Em primeiro lugar, você não tem o direito de se permitir julgar seus superiores". Já obtive uma prova de minha retidão ao me tornar um objeto de aversão para pessoas más. No entanto, para lhe dar uma resposta racional, que não recuso a ninguém, ouça o que declaro e o preço pelo qual valorizo todas as coisas. As riquezas, digo eu, não são uma coisa boa. Se fossem, tornariam as pessoas boas. Agora, como aquilo que é encontrado mesmo entre as pessoas más não pode ser chamado de bom, não permito que sejam chamadas assim; no entanto, admito que são desejáveis e úteis e contribuem com grandes confortos para nossas vidas.

XXV. Aprenda, então, já que ambos concordamos que elas são desejáveis, qual é a minha razão para considerá-las entre as coisas boas, e em que aspectos eu me comportaria de forma diferente do senhor se as possuísse. Coloque-me como mestre na casa de um homem muito rico, coloque-me onde placas de ouro e prata são usadas para os propósitos mais comuns. Não pensarei mais em mim por causa de coisas que, embora estejam em minha casa, ainda não fazem parte de mim. Leve-me para a ponte de madeira e coloque-me lá entre os mendigos, e não me desprezarei por estar sentado entre aqueles que estendem as mãos para pedir esmolas, pois o que pode importar a falta de um pedaço de pão para alguém que não tem o poder de morrer? Bem, então? Prefiro a casa magnífica à ponte do mendigo. Coloque-me entre móveis magníficos e todos os utensílios de luxo, e não me sentirei mais feliz porque meu manto é macio, porque meus convidados descansam sobre a púrpura. Mude o cenário. Não serei mais infeliz se minha cabeça cansada repousar sobre um feixe de feno, se eu me deitar sobre uma almofada do circo, com todo o enchimento a ponto de sair por entre seus retalhos de tecido esgarçado. E então? Prefiro, no que diz respeito aos meus sentimentos, aparecer em público vestido de lã e em trajes simples a aparecer com os ombros nus ou meio cobertos. Eu gostaria que todos os dias os negócios saíssem exatamente como eu gostaria que saíssem, e que novas felicitações se seguissem constantemente às anteriores. No entanto, não vou me orgulhar disso. Troque toda essa boa sorte pelo seu oposto, deixe meu espírito ser distraído por perdas, tristezas, vários tipos de ataques. Não deixe que nenhuma hora passe sem alguma disputa. Por esse motivo, embora cercado pelas maiores misérias, não me considerarei o mais miserável dos seres, tampouco amaldiçoarei nenhum dia em particular, pois tomei o cuidado de não ter dias azarados. Qual é, então, o resultado de tudo isso? É que eu prefiro ter de regular as alegrias a sufocar as tristezas. O grande Sócrates diria a mesma coisa para você. "Faça de mim", diria ele, "o conquistador de todas as nações. Deixe que o voluptuoso carro de Baco me leve em triunfo a Tebas desde o nascer do Sol; deixe que os reis dos persas recebam leis de mim, e ainda assim eu me sentirei um homem no exato momento em que todos ao redor me saudarem como a um deus". Conecte imediatamente essa altura elevada com uma queda precipitada no infortúnio. Deixe-me ser colocado em uma carruagem estrangeira para que eu possa acompanhar o triunfo de um conquistador orgulhoso e selvagem. Seguirei o carro de outro sem mais humildade do que mostrei quando estava em meu carro. E então? Apesar de tudo isso, prefiro ser um conquistador a ser um cativo. Desprezo todo o domínio da Providência, mas ainda assim, se eu pudesse escolher, escolheria suas melhores partes. Farei que o que me acontecer se torne uma coisa boa, mas prefiro que o que me acontecer seja confortável e agradável e que não me cause incômodo, pois não é preciso supor que exista alguma virtude sem trabalho, mas algumas virtudes precisam de esporas, ao passo que outras precisam do freio. Assim como precisamos controlar nosso corpo em um caminho descendente e incentivá-lo a subir em um caminho íngreme, da mesma forma o caminho de algumas virtudes leva para baixo e o de outras para cima. Podemos duvidar que a paciência, a coragem, a constância e todas as outras virtudes que têm de enfrentar forte oposição e pisotear a Providência sob seus pés estejam escalando, lutando, conquistando seu caminho em uma subida íngreme? Ora, não é igualmente evidente que a generosidade, a moderação e a gentileza deslizam facilmente ladeira abaixo? Com a última, devemos manter nosso espírito firme, para que ele não fuja conosco; com a primeira, devemos incentivá-la e estimulá-la. Devemos, portanto, aplicar essas virtudes enérgicas e combativas à pobreza, e às riquezas aquelas outras mais parcimoniosas que tropeçam levemente e apenas suportam o próprio peso. Sendo essa a distinção entre elas, eu preferiria lidar com aquelas que eu poderia praticar em relativa tranquilidade, em vez daquelas que só podem ser testadas com sangue e suor. "Portanto", diz o sábio, "eu não falo de um jeito e vivo de outro, mas você não entende direito o que eu digo, apenas o som das minhas palavras chega aos seus ouvidos, você não tenta descobrir o significado delas".

XXVI. "Que diferença, então, há entre mim, que sou um tolo, e você, que é um homem sábio?". "Toda a diferença do mundo, pois as riquezas são escravas na casa de um homem sábio, mas mestres na casa de um tolo. Você se acostuma a elas e se apega a elas como se alguém tivesse prometido que seriam suas para sempre, mas um homem sábio nunca pensa tanto na pobreza como quando está cercado de riquezas. Nenhum general confia tão implicitamente na manutenção da paz a ponto de não se preparar para uma guerra que, embora possa não ser realmente travada, ainda assim foi declarada. Vocês ficam excessivamente orgulhosos com uma bela casa, como se ela nunca pudesse ser queimada ou cair, e suas cabeças se voltam para as riquezas como se elas estivessem além do alcance de todos os perigos e fossem tão grandes que a sorte não tivesse força suficiente para engoli-las. Vocês ficam ociosos brincando com suas riquezas e não preveem os perigos que lhes estão reservados, como os selvagens geralmente fazem quando estão sitiados, pois, por não entenderem o uso da artilharia de cerco, eles olham ociosamente para o trabalho dos sitiantes e não entendem o objetivo das máquinas que eles estão montando a distância. É exatamente isso que acontece com vocês. Você dorme sobre sua propriedade e nunca reflete sobre quantos infortúnios o cercam ameaçadoramente por todos os lados e logo o despojarão de seus caros despojos, mas se alguém tira as riquezas do homem sábio, ele ainda fica de posse de tudo o que é seu, pois vive feliz no presente e sem medo do futuro. O grande Sócrates, ou qualquer outra pessoa que tivesse a mesma superioridade e poder para resistir às coisas desta vida, diria: "Não tenho um princípio mais fixo do que o de não alterar o curso de minha vida para me adequar aos seus preconceitos. Você pode despejar sua conversa habitual sobre mim de todos os lados. Não pensarei que estão abusando de mim, mas que estão apenas chorando como pobres bebês".

Isso é o que dirá o homem que possui sabedoria, cuja mente, estando livre de vícios, permite que ele reprove os outros, não porque os odeia, mas para melhorá-los, e a isso ele acrescentará: "Sua opinião sobre mim me afeta com dor, não por mim, mas por você, porque odiar a perfeição e atacar a virtude é em si uma renúncia a toda esperança de fazer o bem". Você não me faz nenhum mal, tampouco os homens fazem mal aos deuses quando derrubam seus altares, mas está claro que sua intenção é má e que você desejará fazer mal mesmo quando não for capaz. Eu suporto suas piadas com o mesmo espírito de Júpiter, o melhor e maior, o qual suporta os contos ociosos dos poetas, um dos quais o representa com asas, outro com chifres, outro como um adúltero que passa a noite fora de casa, outro que trata os deuses com dureza, outro que é injusto com as pessoas, outro que seduz jovens nobres que ele leva à força, e esses também são seus parentes, outro que é parricida e conquistador do reino de outro, e do reino de seu pai. O único resultado de tais histórias é que as pessoas sentem menos vergonha de cometer pecados se acreditarem que os deuses são culpados de tais ações. Mas, embora essa sua conduta não me magoe, ainda assim, para o seu bem, eu o aconselho a respeitar a virtude. Acredite naqueles que, tendo-a seguido por muito tempo, gritam em voz alta que o que eles seguem é algo poderoso e que diariamente parece mais poderoso. Reverencie-a como faria com os deuses, e reverencie seus seguidores como faria com os sacerdotes dos deuses, e sempre que for feita qualquer menção a escritos sagrados, favoreça-nos com o silêncio. Essa palavra não deriva, como a maioria das pessoas imagina, de favor, mas ordena o silêncio, para que o serviço divino possa ser realizado sem ser interrompido por quaisquer palavras de mau agouro. É muito mais necessário que se ordene que façam isso, a fim de que, sempre que o oráculo se pronunciar, vocês possam ouvi-lo com atenção e em silêncio. Sempre que alguém bater em um sistro[35], fingindo fazê-lo por ordem divina, qualquer especialista em arranhar a própria pele cobrir os braços e ombros com sangue de cortes leves, qualquer um rastejar de joelhos uivando pela rua, ou qualquer velho vestido de linho sair à luz do dia com uma lâmpada e um ramo de louro e gritar que um dos deuses está zangado, vocês se aglomeram ao redor dele e ouvem suas palavras, e cada um aumenta o espanto do outro declarando que ele foi divinamente inspirado.

XXVII. Eis que, daquela sua prisão, que ao entrar ele purificou da vergonha e tornou mais honrosa do que qualquer casa do Senado, Sócrates se dirige a vocês, dizendo: "Que disposição é essa, em guerra tanto com os deuses quanto com os homens, que o leva a caluniar a virtude e a ultrajar a santidade com acusações maliciosas? Elogiem os homens bons, se puderem; se não, passem por eles em silêncio; se, de fato, tiverem prazer nessa ofensa abusiva, faltem uns com os outros; pois, quando vocês deliram contra o Céu, não digo que cometem sacrilégio, mas perdem seu tempo". Uma vez dei a Aristófanes o tema de uma piada, e desde então, todos os poetas cômicos fizeram de mim um alvo para sua sagacidade envenenada. Minha virtude brilhou mais intensamente pelos próprios golpes que lhe foram dirigidos, pois é vantajoso para ela ser levada ao público e exposta à tentação, e ninguém entende sua grandeza mais do que aqueles que, com seus ataques, provaram sua força. A dureza da pedra não é conhecida por ninguém tão bem quanto por aqueles que a

---

35 O sistro é um instrumento de percussão que produz um som achocalhado. O instrumento já existia na Suméria do ano 2500 a.C. No Antigo Egito recebia o nome de *sechechet* e era utilizado por mulheres da nobreza e pelas sacerdotisas. Era feito em geral em bronze, mas também existiam exemplares em madeira e em faiança. Os sistros estavam particularmente associados ao culto da deusa Hator, mas poderiam também ser empregues no de Ísis, Bastet e Amom. Os Egípcios acreditavam que o som produzido pelo instrumento poderia aplacar o deus em questão. Quando o culto de Ísis se difundiu na bacia do Mediterrâneo, o sistro tornou-se um instrumento popular entre os romanos (SISTRO. **Wikipedia**. Disponível em: https://pt.wikipedia.org/wiki/Sistro. Acesso em: 6 dez. 2023).

golpeiam. Eu me ofereço a todos os ataques, como uma rocha solitária em um mar raso, sobre a qual as ondas nunca deixam de bater, venham elas de onde vierem, mas que não conseguem mover de seu lugar nem desgastar, por mais que sejam os anos em que elas não parem de bater contra ela. Bata em mim, corra contra mim, eu o vencerei suportando seu ataque, pois qualquer coisa que atinja o que é firme e inconquistável apenas fere a si mesmo com a própria violência. Portanto, procure algum objeto macio e flexível para perfurar com seus dardos. Mas você tem tempo livre para examinar as más ações de outras pessoas e julgar alguém? Para perguntar como é que certo filósofo tem uma casa tão espaçosa, ou aquele tem um jantar tão bom? Vocês olham para as espinhas dos outros enquanto vocês mesmos estão cobertos de inúmeras úlceras? Isso é como se alguém que foi devorado pela sarna apontasse com desdém para as verrugas nos corpos das pessoas mais bonitas. Censurem Platão por ter buscado dinheiro, censurem Aristóteles por tê-lo obtido, Demócrito por tê-lo desconsiderado, Epicuro por tê-lo gasto. Joguem Fedro e Alcibíades em meus dentes, vocês que atingem o auge do prazer sempre que têm a oportunidade de imitar nossos vícios! Por que vocês não olham ao redor de si mesmos para os males que os despedaçam por todos os lados, alguns atacando-os de fora, outros queimando em os próprios peitos? Por mais que não conheçam seu lugar, a humanidade ainda não chegou a tal ponto que vocês possam ter tempo para balançar a língua para a reprovação de seus superiores.

XXVIII. Isso você não entende, e tem um semblante que não condiz com sua condição, como muitas pessoas que se sentam no circo ou no teatro sem ter aprendido que sua casa já está de luto. Mas eu, olhando para frente de um ponto de vista elevado, posso ver que tempestades estão ameaçando você, e explodirão em torrentes sobre você um pouco mais tarde, ou estão perto de você e a ponto de varrer tudo o que você possui. Por que, embora dificilmente estejam cientes disso, não há um furacão rodopiante neste momento girando e confundindo suas mentes, fazendo-as buscar e evitar as mesmas coisas, ora elevando-as para o alto, ora jogando-as para baixo?

**ENCONTRE MAIS
LIVROS COMO ESTE**

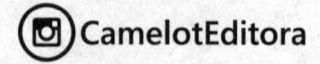

Camelot
EDITORA

CamelotEditora